创新型素质教育精品教材

互联网+职教改革新理念教材

大学体育实践教程

主审　吉耀武

主编　张建龙　亢　宇

上海交通大学出版社
SHANGHAI JIAO TONG UNIVERSITY PRESS

内容提要

本书分为理论导学篇、职业体能篇、运动技能篇和特色体育篇，共十章，涵盖了高等院校体育课及课外延伸所需内容。前两章分别介绍了现代人与健康、高职院校体育等理论知识，第三至五章分别介绍了健康体适能、职业体能训练概述、不同职业体能训练等职业体能知识，第六至八章分别介绍了大球运动、小球运动、健身运动等常见体育项目，第九、十章介绍了武术、定向运动、拓展训练等特色体育项目，附录介绍了《国家学生体质健康标准（2014 年修订）》的测试指标、测试项目及测试方法。

本书具有易学、易用、实用、好用的特点，可作为普通高等院校各专业学生的体育教材。

图书在版编目（CIP）数据

大学体育实践教程 / 张建龙，亢宇主编. -- 上海 ：上海交通大学出版社，2020（2022 重印）
ISBN 978-7-313-23657-9

Ⅰ. ①大… Ⅱ. ①张… ②亢… Ⅲ. ①体育－高等学校－教材 Ⅳ. ①G807.4

中国版本图书馆 CIP 数据核字(2020)第 150253 号

大学体育实践教程
DAXUE TIYU SHIJIAN JIAOCHENG

主　　编：张建龙　亢　宇
出版发行：上海交通大学出版社　　地　　址：上海市番禺路 951 号
邮政编码：200030　　电　　话：021-64071208
印　　制：三河市祥达印刷包装有限公司　　经　　销：全国新华书店
开　　本：787mm×1092mm　1/16　　印　　张：11.75
字　　数：228 千字
版　　次：2020 年 8 月第 1 版　　印　　次：2022 年 9 月第 3 次印刷
书　　号：ISBN 978-7-313-23657-9
定　　价：42.00 元

国务院办公厅颁布的《关于强化学校体育促进学生身心健康全面发展的意见》中明确指出，要全面贯彻党的教育方针，以“天天锻炼、健康成长、终身受益”为目标，改革创新体制机制，全面提升体育教育质量，健全学生人格品质，切实发挥体育在培育和践行社会主义核心价值观、推进素质教育中的综合作用，培养德智体美全面发展的社会主义建设者和接班人。

为了更好地落实中共中央国务院的指示精神，全面落实立德树人根本任务，进一步发挥体育在育人中的特殊作用，提高学校体育教育教学质量，编者以“健康第一、以生为本”为指导思想，以切实增强学生体质、提高学生健康水平、促进学生全面发展为目标精心编写了本书。

本书具有以下特色。

1. 立德树人，健体铸魂

本书在讲解知识点的同时有机融入素质教育元素。在每章后设有“健体铸魂”模块，通过介绍健康的体育锻炼方式、奥运健儿所展现的体育精神及各类体育爱好者的事迹等，帮助学生树立正确的健康观、体育观，促使学生主动参与体育运动、积极锻炼身体，做一个体魄强健，积极乐观，有良好社会公德、协作精神、竞争意识和社会适应能力的优秀大学生。

2. 校企合作，协同育人

本书在一线双师型教师和体育行业企业专职人员的指导与支持下，结合编者多年的体育教学经验编写而成。例如，坐姿、站姿类职业体能训练方法，排球运动、足球运动的基本技术、战术和比赛规则，武术基本功，24 式太极拳，女子防身术等内容的编写，都是在相关专职人员的指导下完成的。此外，本书的部分案例也由体育行业企业提供。

3. 全新理念，易教易学

本书积极践行“以学生为主体，以教师为主导，以能力为根本”的教育理念，以知识性、健康性、趣味性为原则，以“教学练一体”为特色，注重理论性与实用性相结合。例如，本书对于每一种体育项目均从起源、发展、基本技术、基本技巧、练习方法、比赛规则等多个方面进行介绍，讲解通俗易懂、生动有趣，具有较强的指导性和实用性。

4．资源丰富，平台支撑

本书配有丰富的信息化教学资源，如微课、教学课件等，可实现线上线下混合式教学模式，促进学生进行自主学习、合作学习、探究式学习，同时方便教师开展课堂教学活动。

此外，为了方便学校管理、教师教学和学生自学，本书与一款集教学管理、教学支撑为一体的文旌综合教育平台“文旌课堂”（www.wenjingketang.com）开展了深度合作。学校可借助该平台管理课程，教师可借助该平台管理各种教学资源、布置作业、组织考试，学生可借助该平台阅读课外资源、提交作业、进行线上练习、参加考试等。教师和学生在学习过程中如有任何疑问，都可登录该平台寻求帮助。

本书由吉耀武担任主审，张建龙、亢宇担任主编，董润峰担任副主编。

尽管编者在编写本书时已竭尽所能，但由于经历和水平有限，书中难免存在疏漏与不当之处，敬请广大读者批评指正。

理论导学篇

职业体能篇

运动技能篇

特色体育篇

「理论导学篇」

第一章　现代人与健康

知识目标

- 熟悉健康的概念及衡量健康的标准。
- 熟悉体育锻炼对身体健康的影响。
- 熟悉体育锻炼对心理健康的影响。
- 掌握体育锻炼常识。

素质目标

- 通过学习影响健康的因素，增强健康意识，养成良好的生活习惯，为建设健康中国打好基础。
- 重视营养补充，养成健康的饮食习惯。
- 具备一定的体育锻炼常识，强化生命健康安全意识，做到“珍爱生命，关爱健康”。

第一节　体育与亚健康

一、健康的概念

健康是人类追求的永恒目标，拥有健康才能享受生活。以往人们普遍认为“健康就是没有疾病”，但随着科学的发展和社会的进步，对于健康的定义早已不局限于身体的健康。

1948 年，世界卫生组织在宪章中明确指出：“健康不是仅仅免于疾病和衰弱，而是保持身体上、精神上和社会适应能力等方面的良好状态。”从而将人类的健康与生理、心理及社会因素联系在一起。

这个定义包括三层含义：一是躯体健康，指躯体的结构完好，功能正常；二是心理健康，又称精神健康，指人的心理处于良好状态，包括能正确地认识自我、认识环境，及时适应环境等；三是社会适应能力良好，指个人的能力在社会系统内得到充分的发挥，个体能够有效地扮演与其身份相适应的角色，个人的行为与社会规范和谐一致。

1989 年，世界卫生组织对健康的概念进行了重新定义，提出健康应包括躯体健康、心理健康、社会适应良好和道德健康，这就是所谓的四维健康观念，如图 1-1 所示。继四维健康观念之后，美国学者提出了一个类似的健康定义，即健康是人对环境适应后所达到的一种生命质量，个体只有在身体、情绪、智力、精神和社会各方面达到完美状态才称得上真正的健康，这种健康观又称健康五要素，如图 1-2 所示。这种观念将人们对健康的认识提高到了一个崭新的高度，并为世界各国广泛接受。

健康五要素的内涵包括以下方面。

（1）身体健康不仅包括无病，而且还包括体能充沛。体能是一种能满足生活需要和有足够能量完成各种活动的能力。体能充沛可以预防疾病，提高生活质量。

（2）情绪涉及我们对自己和他人的感受。情绪健康的主要标志是情绪稳定。当然在生活中偶尔有些情绪波动均属正常，关键是在生活中大部分时间能保持情绪稳定。

（3）智力健康是指具有认识、理解客观事物，并运用知识、经验等解决问题的能力，包括但不限于记忆、观察、想象、思考、判断等能力。

（4）精神健康是指能够认识自己的潜力，自如应对正常生活压力，以及关心和尊重所有生命。

（5）社会健康是指个体与他人及社会环境相互作用形成和谐的人际关系，以及能够恰当扮演社会角色。社会健康使人们在人际交往中充满自信和安全感，进而减少烦恼，保持心情愉快。

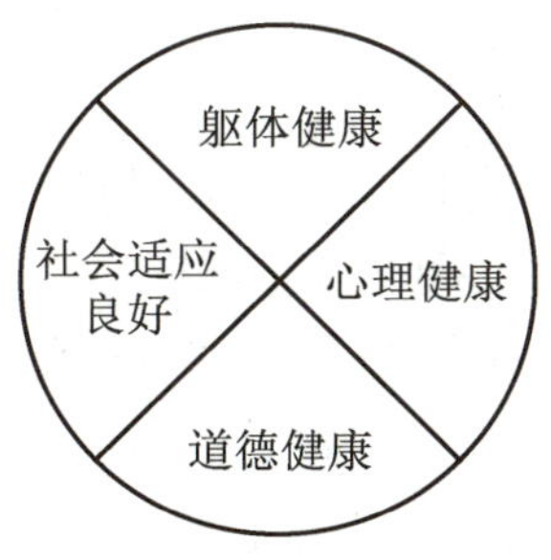

图 1-1　四维健康观念

图 1-2　健康五要素

值得注意的是，健康的五个要素是相互联系、相互影响的。例如，身体不健康会导致情绪不健康，心理不健康会导致身体、情绪和智力的不健康。因此，只有每一个健康要素平衡地发展，人们才能真正健康、幸福地生活。

二、衡量健康的标准

世界卫生组织在给健康下定义时并未给出具体的量化标准。因为当地域、种族、年龄段、性别、职业等因素不同时，衡量健康的具体标准也会有所不同。所以说，健康没有一个确切的概念和具体的指标，它只能是对一个个体在不同时间和空间的状态描述。也就是说，衡量健康的标准是很广泛的。

近年来，为了便于普及健康知识，世界卫生组织提出了衡量人体健康的 10 条标准。

（1）精力充沛，能从容应付日常生活和工作。

（2）处事乐观，态度积极，乐于承担责任。

（3）善于休息，睡眠质量好。

（4）应变能力强，能适应各种环境的变化。

（5）对一般传染性疾病（如感冒）具有一定的抵抗力。

（6）体形匀称，体重正常，身体各部分比例协调。

（7）眼睛明亮，思维反应敏捷。

（8）牙齿清洁，无损伤，无病痛，齿龈无出血。

（9）头发有光泽，无头屑。

（10）走路轻松，肌肉、皮肤富有弹性。

人们在日常生活中也形成了一些关于健康的标准，实际上是对世界卫生组织提出的标准的延伸，包括以下几个方面。

（1）胃口好，进餐适量，不挑剔食物。

（2）排泄顺畅，胃肠功能良好。

（3）能很快入睡，且睡眠程度深，醒后精神饱满，头脑清醒。

（4）语言表达正确，说话流利。

（5）行动自如、敏捷，精力充沛。

（6）性格温和，意志坚强，感情丰富，具有坦荡的胸怀与达观的心境。

（7）具有良好的处世能力和自我控制能力，看问题客观、理性。

（8）能适应复杂的社会环境，对事物的变化保持良好的情绪，能保持社会外环境与机体内环境的平衡。

（9）具有良好的人际关系，待人接物大度、和善，不过分计较，助人为乐，与人为善。

现代健康观揭示了人体的整体性及人体与自然环境和社会环境的统一。人类对疾病的预测从对个体诊断延伸到对群体乃至整个社会的健康评价，而对健康的评价标准由单纯的生物标准扩展到心理、社会标准。

三、影响健康的因素

20 世纪 70 年代，加拿大学者从预防医学的角度提出了影响健康的四大主要因素，即行为与生活方式、生活环境、生物学和医疗卫生服务。

（一）行为与生活方式因素

行为与生活方式因素是指由人们自身的行为和生活方式给个人、群体乃至社会的健康带来直接或间接的影响，这种影响具有潜伏性、累积性和广泛性。

国内外大量研究表明，在现代社会里不良的生活方式和有害健康的行为习惯已经成为危害人们健康、导致疾病的主要原因。不良的生活方式和有害健康的行为习惯包括抽烟、酗酒、暴饮暴食、过多摄入脂肪和糖等不健康的饮食生活方式，不规律的娱乐活动、睡眠不足、电子游戏成瘾等不健康的休闲方式，缺乏运动或不运动的生活习惯，以自我为中心、孤独、抑郁、嫉妒和自私等不健康的心理状态，等等。这些不良生活方式和有害健康的行为习惯是高血压、冠心病、糖尿病等“现代生活方式病”的患病率不断增高的主要原因。1992 年，世界卫生组织在《维多利亚宣言》中指出，健康的四大基石是合理的膳食、适量的运动、戒烟和限制饮酒、心理健康。

（二）生活环境因素

生活环境因素可分为物理性因素（如环境气候和空气质量等）和社会性因素（如科技发展、家庭环境、工作环境、人际关系和经济收入等），它们从不同的角度影响着健康。

一方面，现代建筑不断向高空发展，人们居住在这些建筑物中，与大自然的距离越来越远，加上城市工业化导致淡水污染，空气中的二氧化碳和二氧化硫等有害物质不断增长，植被减少，以及酸雨、毒雪和黑风暴、沙尘暴的频繁发生，致使人类的生活环境日益恶化，严重危害了人类的健康。另一方面，城市交通、通信联络工具的现代化减少了人们走路锻炼的机会；生活方式的现代化减少了人们进行家务劳动的机会；食品构成的改善、脂肪和肉类的增加，使得人们从食物中摄入的热量越来越多；加之整个社会生活的节奏大大加快，使人们经常处于紧张状态之中，精神上承受着巨大的压力。这些生活环境和生活方式的急剧变化造成了现代人的机体结构和机能与生活环境之间产生了诸多不平衡。

（三）生物学因素

生物学因素包括基因遗传因素及细菌、寄生虫等病原微生物因素。

遗传是指自然生物通过一定的生殖方式，将遗传物质从上一代传给下一代的生物现象。在把遗传物质传给后代的同时，上一代也把亲代的许多隐性或显性的疾病传给了后代。生物遗传因素直接影响人类健康，它对人类诸多疾病的发生、发展及分布具有决定性影响。

现代研究表明，遗传倾向不仅表现在先天性缺陷和遗传性疾病方面，其在后天的常见病（如冠心病、高血压、糖尿病、某些癌症）和常见的精神障碍方面也起着重要作用。遗传因素可能会使这些疾病提前发生。

病原微生物是引起传染病发生的首要条件。在微生物学、生物化学及相关学科发展早期，人们普遍认为一些传染病已经基本消灭，而余下的传染病也可通过免疫和抗生素得到控制。但在 20 世纪末人们惊讶地发现，致病细菌显示出明显的抗药能力和适应环境变化的能力，这意味着病原微生物与人类是共生的关系，传染病会一直是人类健康的主要危害。

（四）医疗卫生服务因素

医疗卫生服务指卫生医疗机构和专业人员为了达到预防疾病、促进健康的目的，运用卫生医疗手段向个人、群体和社会提供的必要服务。

医疗卫生服务因素是指医疗卫生系统中影响健康的因素，涉及预防、医疗及康复等方面，包括医疗水平低、误诊、漏诊，医务人员数量少、质量差，初级卫生保健系统不健全，重治疗轻预防，医疗资源分布不均，缺少康复机构和不良医患关系等，这些都是不利于健康的因素。

四、关于亚健康状态

世界卫生组织认为，亚健康状态是健康与疾病之间的临界状态，又称为“第三种状态”或“灰色状态”，是指机体在内外环境不良刺激下引起心理、生理发生异常变化，但尚未表现出明显的病理反应的状态。

从生理学角度讲，亚健康状态是指人体各器官功能处于稳定性失调，但没有引起器质性损伤的状态。此时若进行医学检查，各项生理、生化指标往往无明显异常，因此医生无法做出明确诊断。但在这种状态下，人体机能和免疫功能已经有所下降，因此很容易患病，当然若及时调控则可恢复健康状态。

1．亚健康的症状

亚健康在临床常被诊断为疲劳综合征、内分泌失调、神经衰弱和更年期综合征等。其在心理上的表现为精神不振、情绪低落、反应迟钝、注意力不集中、记忆力减退、遇事紧张、失眠、烦躁、焦虑和易惊等；其在生理上的表现为疲劳、乏力、胸闷气短、活动时气短、出汗和腰酸腿疼等。此外，由于亚健康状态基本上是由机体组织结构退化（老化）及生理功能减退所致，因此，目前也将人体衰老表现列入亚健康状态的一种类型。

总的来说，造成亚健康的原因包括以下几个方面。

（1）过度疲劳会造成人的精力和体力透支，从而导致疲劳综合征，同时也可能导致内分泌失调。随着生活和工作节奏的加快，各种竞争日益激烈，使得人们用脑过度，身心长期处于超负荷紧张状态，造成人体内脏功能过度损耗、机能下降，从而出现亚健康状态。

（2）人体的自然衰老会造成亚健康。人体在成熟之后，大约从 30 岁就开始衰老（女性更年期就是衰老的表现之一），这时人体器官逐渐开始老化，人体虽然没有病变，但已经不完全健康了，这种状态也属于亚健康状态。

（3）机体处于重病恢复期及慢性病发病前期时，虽然理论上人并未生病，实际上机体仍处在或已经处在病变状态，属于亚健康状态。

（4）人的体力、精力和情绪都有一定的生物规律。每个健康的人的体力、精力和情绪都会规律性地出现高潮期与低潮期。在低潮时人体受众多因素的影响，很可能会处于亚健康状态。

2．亚健康状态自测

亚健康了怎么办

由于亚健康状态是介于健康状态和疾病状态之间和一种游离状态，所以亚健康状态很难界定。对此，专家罗列出 30 种亚健康状态的症状以供人们做自我检测。如果在以下 30 项症状中，有 6 项或 6 项以上状况符合，则可视为亚健康。

（1）精神焦虑，紧张不安。
（2）忧郁孤独，自卑郁闷。
（3）注意力分散，思维肤浅。
（4）遇事激动，无事自扰。
（5）健忘多疑，熟人忘名。
（6）兴趣变淡，欲望骤减。
（7）懒于交际，情绪低落。
（8）常感疲劳，头晕眼花。
（9）精力下降，动作迟缓。
（10）头昏脑涨，不易复原。
（11）久站头晕，眼花目眩。
（12）肢体酥软，力不从心。
（13）体重减轻，体虚力弱。
（14）不易入眠，多梦易醒。
（15）晨不愿起，昼常打盹。
（16）局部麻木，手脚易冷。
（17）掌腋多汗，口干舌燥。
（18）自感低烧，夜常盗汗。
（19）腰酸背痛，此起彼伏。
（20）舌生白苔，口臭自生。
（21）口舌溃疡，反复发生。
（22）味觉不灵，食欲不振。
（23）反酸嗳气，消化不良。
（24）便稀便秘，腹部饱胀。
（25）易患感冒，唇起疱疹。
（26）鼻塞流涕，咽喉疼痛。
（27）憋气气急，呼吸紧迫。
（28）胸痛胸闷，有压迫感。
（29）心悸心慌，心律不齐。
（30）耳鸣耳背，晕车晕船。

第二节　体育锻炼与健康促进

一、体育锻炼促进身体健康

健康是人类共同的愿望，是进行一切活动的基础和保障，是社会发展的潜在动力。而体育锻炼则是获取健康的最佳途径。

（一）体育锻炼对身体发育的影响

我们可以将人体生命的全部过程大致分为三个时期，即儿童少年时期、青少年时期和中老年时期。青少年时期是人体生长发育的最佳时期，也是人的体形、体力和健康奠定的关键时期。此时，后天因素对机体的影响比任何时期都大。实践证明，青少年时期经常参加体育锻炼对身高、体重、围度、身体机能和素质等指标的可塑程度能达到 50%～70%。

（二）体育锻炼对身体各个器官的影响

人体是一个完整的、统一的有机体，它由不同的器官构成。人体器官按功能可分为神经系统、呼吸系统、循环系统、消化系统、泌尿系统、生殖系统、内分泌系统、运动系统和感觉系统。体育锻炼可以对人体各个器官产生积极的影响，可以促进机体全面发展。

1．体育锻炼对神经系统的影响

神经系统由中枢神经系统和周围神经系统组成。人的所有活动都是反射活动，即由感觉器官将体内和体外的刺激传送到大脑，大脑经过分析综合给出相应的反应指令，再由周围神经将行动反应指令传达给各器官系统去执行。

当人体发育进入成熟阶段，成人脑体积就不再增加，但大脑皮层的结构和功能仍在发展，因此体育锻炼仍会对大脑功能有改善作用。

（1）体育锻炼可以提高人体对刺激的反应速度。体育锻炼的项目种类和技术动作繁多，越是对抗性和技术性强的运动，越能有效地强化脑细胞的生理功能，使神经细胞的兴奋强度和反应速度都得到提高。

（2）体育锻炼有助于增强记忆力，提高大脑工作效率。原因有两方面，第一，运动使心脏供血能力提高、脑细胞的供血量增加，从而使得脑细胞的活跃性增强。第二，人体在长时间思考和学习之后，其专管学习及与其相关的神经细胞会产生疲劳，进而由兴奋转为抑制。此时进行体育锻炼，可以使运动神经细胞群兴奋起来，而其他细胞群就可以得到良好的休息，从而有助于提高大脑工作效率。

（3）体育锻炼可以帮助改善神经衰弱。经常从事体育锻炼，可以使大脑皮质兴奋增强、抑制加深，且使兴奋和抑制都更加集中，进而使大脑的兴奋与抑制两种功能保持平衡。

2．体育锻炼对呼吸系统的影响

呼吸系统包括鼻、咽、喉、气管、支气管和肺。其中，肺是气体交换的场所，其他器官是气体交换的通道。

在安静状态下，呼吸系统的各个器官只需很小的工作强度就能完成呼吸过程，长此以往很可能会导致呼吸系统功能有所下降。进行体育锻炼时人体对氧的需求量增加，呼吸频率加快，坚持进行体育锻炼可以使呼吸肌逐渐发达、有力、耐久，可以提高练习者的呼吸深度，增加其肺活量。

3．体育锻炼对血液循环系统的影响

血液循环系统又称心血管系统，是由心脏和血管组成的封闭的管道系统。心脏相当于生命的“发动机”，推动血液在血管里不断地流动，以便把氧气和营养物质运送到身体各处，同时把细胞代谢过程中产生的废物和二氧化碳运出体外。

（1）体育锻炼可以使心脏组织结构增强。体育锻炼时血液循环会加速，这会改善心肌的供血机能，使心肌得到更多的营养物质、心壁增厚、心脏容量增加，也使心脏搏动更加有力。一般来说，长期运动的人正常状态下的心跳频率要比一般人每分钟减少 20 次左右。

（2）体育锻炼可以使血管功能变强、血红蛋白增多、血液循环增强。体育锻炼使血液循环加快，血流量变大，而血管经常收缩或扩张使得血管壁弹性增强、血管表面积增大，从而使血管对血液的运输功能增强。经常进行体育锻炼还能使血液中的白细胞、红细胞和血红蛋白含量增多，使人体代谢和耐缺氧的能力增强，从而改善人体血液循环系统的功能。

4．体育锻炼对消化系统的影响

消化系统是由口腔、咽、食道、胃肠、胰腺、肝脏和肛门等器官组成。

（1）体育锻炼可以促进食物的消化和营养物质的吸收。一方面，经常参加体育锻炼使消化腺分泌的消化液增多，另一方面，腹部运动能使消化管道的蠕动得到加强，胃肠的血液循环得到改善，最终使食物的消化和营养物质的吸收更加充分和顺利。

（2）体育锻炼可以增进肝脏健康。体育锻炼使体内糖分的消耗增加，因此肝脏需将储备的糖原及时向外输送。肝脏工作量的增加使其机能得到锻炼和提高。

5．体育锻炼对运动系统的影响

运动系统由骨骼、关节和肌肉三部分组成。骨骼是人体的支架，是构成体形的基础，起着保护脑、脊髓、心和肺等重要器官的作用。关节是连接骨与骨之间的枢纽，人体以其为支点产生运动。肌肉附在骨骼之上，并在神经系统的支配下交替收缩与舒张，进而完成屈伸、旋转等肢体动作。

体育运动是在运动系统的协调工作下完成的，在完成运动的同时会使运动系统的各个部分更加坚固、灵活、结实且粗壮有力。

（1）体育锻炼可以使骨骼性能、形态发生良好变化。长期的体育锻炼使骨骼变得粗壮、坚固，增强其抗折、抗弯、抗压缩和抗扭转等方面的机械性能。

（2）体育锻炼可以增强关节的稳固性，提高关节的灵活性。经常从事体育锻炼能使关节囊、肌腱和韧带增厚，关节的稳固性、延展性增强，关节的弹性、灵活性和柔韧性得到提高。

（3）体育锻炼可以提高肌肉性能，增大肌肉体积。运动过程中肌肉工作加强，使肌纤维增粗，肌肉体积增大，从而使肌肉更加结实有力。

（三）体育锻炼对活动能力的影响

体育锻炼可以提高身体素质和基本活动能力。身体素质表现在速度、力量、耐力、灵敏和柔韧等多个方面。

1．速度素质

速度素质是指人体快速运动的能力，是人体身体素质中最基本的素质之一。体育锻炼会使人体对外界刺激的反应速度加快，并使人体在较短的时间范围内完成指定动作或移动指定距离。速度素质体现在以下四个方面。

（1）位移速度，指单位时间内人体位移变化的快慢。例如，径赛项目就是以位移速度的快慢作为胜负的标准。

（2）反应速度，指人体对外界刺激产生反应的快慢，即外界刺激作用到人体对刺激作出反应所经历时间的长短，如起跑时运动员对枪声的反应速度、球场上对战术变化的反应速度等。

（3）动作速度，指完成指定动作的快慢，如投掷比赛中投掷出手的速度、排球运动中的扣球速度等。

（4）速度耐力，指人体保持较长时间快速运动的能力。例如，中长跑运动就是锻炼速度耐力。

2. 力量素质

力量素质是指肌肉在紧张状态（肌肉纤维长度不变）或收缩状态（肌肉纤维长度缩短）下克服外界阻力的能力。力量素质可分为以下两类。

（1）静力性力量，指肌肉做等长收缩时所产生的力量。人体需要维持或固定在一定的姿势和位置时会用到静力性力量。例如，人体做出体操动作中的支撑、平衡、垂悬和倒立时，会用到静力性力量。

（2）动力性力量，指肌肉做缩短性收缩时所产生的力量。它的特点是通过明显的身体位移使身体和器械产生加速度。动力性力量又可分为重量性力量和速度性力量，重量性力量侧重肌肉力量。例如，举重就是锻炼重量性力量。速度性力量侧重爆发力。例如，人体蹬离地面跳跃时和投掷器械时都会用到爆发力。

力量素质在体育运动中非常重要，没有力量素质作为基础，任何体育运动都不可能完成。力量素质是速度、灵敏等素质的基础，也是取得运动成绩的关键。

3. 耐力素质

耐力素质是指人体长时间活动或对抗疲劳的能力。

耐力素质可分为有氧耐力和无氧耐力。有氧耐力又称肌肉耐力，指人体长时间进行中等强度肌肉活动的能力。例如，球类竞赛、中长跑等项目就是锻炼有氧耐力。无氧耐力又称心血管耐力，指人体保持较短时间内快速运动的能力。例如，短跑、短距离快速游泳等项目就是锻炼无氧耐力。

4. 灵敏和柔韧素质

灵敏素质是指在外界刺激突然改变的条件下，人体能迅速、准确、协调地改变身体运动方向和位置的能力。灵敏性的内涵包括以下几个方面。

（1）迅速：指在外界刺激突然改变的条件下，以最佳的判断能力和最快的反应速度做出相应的动作。

（2）准确：指以最佳的比例将空间、时间及力量等方面进行配合，完成相应的动作。

（3）协调：指同时或依次完成动作时，能够把握好动作的空间、时间、节奏等要素的特征，使它们配合得当。

柔韧素质是指人体各关节在运动中的活动能力（幅度和范围），以及肌肉和韧带的伸展能力。柔韧素质由三个因素决定，即关节的骨结构，关节周围组织体积的大小，关节的韧带、肌腱、肌肉和皮肤的伸展性。

在体操、艺术体操、技巧、武术、跳水和田径等运动项目中，柔韧素质是决定比赛成绩的关键。

（四）体育锻炼对适应环境能力的影响

适应环境的能力主要是指人体对自然环境的适应能力，具体表现为对气候、水土的适应性及对季节变化引起的一些流行性疾病的抵抗能力。适应环境能力的强弱是身体状况好坏的标志。

经常从事体育运动可使神经系统的功能得到提高，使人体对外界刺激的反应变得迅速而准确；可使人体体温调节作用增强，有利于提高机体对环境条件的适应能力和对疾病的抵抗能力；此外，有利于培养锻炼者克服困难的拼搏精神和坚韧不拔的意志品质。

二、体育锻炼促进心理健康

心理健康是生理健康的基础，是指具有一种持续而稳定的心理状态，具有正常的智力、正常的群体感、坚强的意志、良好的性格和融洽的人际关系等。科学研究证明，许多身体疾病都是由心理疾病引起的，长期坚持体育锻炼不但对身体健康有积极作用，还可以促进心理健康，减少心理疾病。

（一）体育锻炼有助于发展智力

正常的智力是正确感知和认识世界的前提，是心理健康的基础。经常参加体育锻炼不仅能提高锻炼者的注意力、记忆力、反应、思维、想象力等，还可以让锻炼者情绪稳定、性格开朗。而这些非智力因素对人的智力具有促进作用。

（二）体育锻炼有助于培养良好的情绪体验

大学生在复杂多变的社会环境中常常会产生紧张、压抑、忧虑等不良情绪反应，而体育锻炼能帮助其从烦恼和痛苦中抽离出来。

体育锻炼之所以能够调节情绪，是因为体育锻炼的参与者能体验到运动带来的愉悦感。心理学家认为，适度负荷的体育锻炼能够促进人体释放一种多肽物质——内啡肽，它能使人们获得愉快、兴奋的情绪体验。因此参加体育锻炼尤其是参加那些自己喜爱和擅长的体育锻炼，可以使人从中得到乐趣，振奋精神，从而产生良好的情绪状态。

（三）体育锻炼有助于形成和谐的人际关系

现代社会生活节奏的加快使大学生越来越趋向封闭的状态，从而造成彼此之间情感交流缺乏，人际关系渐渐疏远。体育锻炼可以打破这种封闭，让不同年级、性别、家庭背景的大学生聚集在运动场上进行平等、友好、和谐的交往，使大家互相之间产生信任感，从而有效地进行情感和信息的交流。

（四）体育锻炼有助于促进坚强品质的形成

一个人的意志品质体现在一个人的果断性、坚忍性、自制力、主动性和独立性等方面。意志品质既是在克服困难的过程中表现出来的，也是在克服困难的过程中培养出来的。参加体育锻炼的过程就是不断克服主观和客观上的各种障碍（如懒惰、胆怯、疲劳和气候条件不佳等）的过程，可以帮助培养大学生果断、坚韧等优秀的意志品质。

（五）体育锻炼有助于消除心理疾病

就目前而言，心理疾病的大部分病因及体育锻炼有助于治疗心理疾病的机理尚未完全清楚，但体育锻炼作为一种心理治疗手段在国外已经开始流行。对于大学生来说，通过体育锻炼可以减轻或消除由学习、生活、情感等各方面的挫折引起的焦虑和抑郁等症状，同时也为不良情绪的宣泄提供了一种合理有效的途径，能有效防止心理障碍或者心理疾病的发生。

第三节　体育锻炼常识

一、体育锻炼的营养补充

进行体育锻炼时，人体需要糖类物质、蛋白质和脂肪等营养素提供能量。因此，我们需要注意运动前后的营养。

（一）运动前的营养补充

（1）运动前应以高糖类、低脂肪的食物为主。例如，米饭、面包等食物既容易消化，又能提供糖类物质，通常可作为运动时的热量来源。

（2）如果运动时间少于 60 min，宜选择富含糖类的食物。

（3）高纤维的食物（如全麦面包、高纤维饼干等）不容易消化，易造成腹部不适，因此应避免在运动前吃这些食物。

（二）运动后的营养补充

运动后的体能恢复直接影响本次锻炼的效果，还影响第二天的运动能力。一般来说，锻炼后进行简单休息是常见的恢复手段，此时如果适当补充营养，会对体能恢复有很大帮助。

1. 水分的补充

剧烈的运动会导致机体大量失水，而失水会影响运动能力。失水量占体重的1%时，容易引起机体疲劳和不适；失水量占体重的 3%时，机体不适感会加重，运动能力会下降20%～30%。通常运动后机体会处于不同程度的缺水状态，需要积极地补充水分。

2. 电解质的补充

汗液中主要的电解质是钠离子和氯离子，还有少量的钾离子和钙离子。长时间运动后，如长跑或是在酷热的天气下连续剧烈运动数小时后，人体的电解质会随着汗水流失，此时可饮用淡盐水或运动饮料补充水分和电解质。

3. 糖类物质的补充

糖类物质是人体运动时的主要能量来源，其可以以葡萄糖的形式释放到血液中，为肌肉和身体其他器官提供能量。体内糖类物质不能满足运动所需时，容易引起机体疲劳和运动能力下降。因此，运动后补充糖类物质就显得格外重要。

小提示

运动后适合饮用各式饮料或食用流质食物，这可以为身体补充水分和糖类物质。以下列出含有 50 g 左右糖类物质的食物，大家可以依照个人习惯、喜好和需求量等进行选择，具体包括：① 800～1 000 mL 运动饮料；② 500 mL 纯果汁；③ 3 个水果（如苹果、香蕉、橘子等）；④ 6～10 片饼干；⑤ 两个水果加一杯牛奶；⑥ 两片面包加少许果酱和一杯牛奶。

运动后应避免饮酒和饮用含有咖啡因的饮料，因为这些饮品有利尿的作用，会进一步减少体内的水分，而酒精还会减少肝糖的合成，影响受损组织的恢复，对运动恢复极为不利。

二、体育锻炼的卫生常识

生命在于运动，更在于合理、科学地运动。只有掌握体育锻炼的卫生常识，科学地进行体育锻炼，才能起到健身强体和防病治病的作用。

（一）注意做好准备活动和整理活动

体育锻炼的过程是人体从静态到动态再到静态的变化过程，而准备活动和整理活动就是实现这种“变化”的过渡手段。

1. 准备活动

准备活动是指在体育锻炼前所进行的一系列身体练习，其目的是打破安静时的身体生理平衡状态，调动内脏各器官系统迅速地从安静状态过渡到运动状态。

准备活动的作用在于提高中枢神经系统的兴奋性；扩大肌肉、韧带和关节的活动范围；克服内脏器官的惰性，加强心血管和呼吸器官的活动能力，使机体各方面的功能达到适应锻炼的要求，预防或减少因体育锻炼超出生理负荷而出现的运动损伤。

准备活动包括一般的准备活动和专业的准备活动两种。首先应做一般的准备活动，即利用走、跑和徒手操活动身体各个部位使之发热，然后做专业的准备活动，即针对所要从事的锻炼项目的特点进行一些专业的练习。例如，短跑前可做小步跑、高抬腿和后蹬跑；排球比赛前可做传球和垫球练习等。

准备活动量的大小和时间长短，应根据锻炼项目、内容和强度，以及季节和气候的不同而有所差异，一般达到身体发热或微微出汗，自我感觉灵活、舒适即可。

2. 整理活动

整理活动是指在体育锻炼后所采用的一系列放松练习和按摩等恢复手段，其目的是消除疲劳，恢复体能，提高锻炼效果。它可使人体较好地从紧张的运动状态逐渐过渡到相对安静的状态，使身体恢复平衡状态。

运动对身体生理平衡的破坏会引起一系列的生理变化，这种变化不会随着运动的停止而同时消失，它需要一个恢复的过程。如果剧烈运动后突然停止、坐下或蹲下，不仅会加重疲劳，更会有晕倒的危险。因此，运动后要认真地做好整理活动。

整理活动应着重于全身性放松，尽量采用轻松、活泼和柔和的练习，活动量逐渐减少，节奏逐渐减慢，以促使呼吸频率和心率下降，一般持续 15～20 min。例如，长跑到达终点后再慢跑一段，或边走边做深呼吸运动和放松徒手操。整理活动之后，还要注意身体保暖，以防着凉引起感冒。

（二）运动饮水和饮食卫生

机体在运动中易失去大量的水和消耗很多热量，导致身体的内环境失去平衡，引起全身无力、精神不振和疲劳，若不及时补充会直接损害身体健康。

1. 运动饮水卫生

运动中的饮水应以少量、多次为原则，应饮接近于血浆渗透压的生理盐水或含少量蔗糖、果汁的饮料，以基本维持机体的生理平衡。剧烈运动时和运动后，均不宜一次性大量饮水。如果在运动中饮水过量，会使胃膨胀，妨碍膈肌的活动，从而影响呼吸；同时，会使血液量增多，增加心脏、肾脏的负担，有损健康。

2. 运动饮食卫生

因剧烈运动的需要必须补充能量时，应采用易吸收的流质或半流质食物，以食量小、热量高为原则。由于剧烈运动的颠簸作用，运动中或运动前不宜大量进食。如果大量进食，容易因食物的重力牵拉肠系膜而引起腹痛。同时因运动的需要，大量血液流进骨骼肌使胃肠的血液减少、消化机能减弱，大量进食轻则引起消化不良，重则导致胃炎、胃溃疡等消化道慢性疾病。因而运动中大量进食或饭后即刻运动都是不符合卫生要求的，会直接影响身体健康。一般体育锻炼应在饭前 0.5～1 h 结束，饭后 1.5 h 开始。

需要注意的是，运动后易产生饥饿感，用餐时切忌狼吞虎咽，更不能暴饮暴食。另外，在比赛前或疲劳时也不宜吃太过油腻的食物。

（三）运动着装与环境卫生

1. 运动着装卫生

运动着装要符合运动项目要求，即有利于健康和身体动自由活动。运动服装要质地柔软，透气性和吸水性良好；运动鞋应大小适宜，鞋底具有一定的弹性，鞋面具有良好的透气性，鞋跟的高低必须适宜。另外，穿着的袜子应透气性良好，吸汗性强，而且干净、柔软、有弹性。经常从事体育锻炼的人，要勤换洗运动衣裤。

2. 运动环境卫生

运动环境是指人们进行体育运动时所处的外界条件，如空气、运动场地和运动设施等。运动环境也是人类赖以生存的自然环境的一个局部，因而它受自然环境的影响。

体育锻炼应在空气新鲜的环境中进行。新鲜空气中含有大量的负离子，它能调节大脑皮层的功能，促进腺体分泌增加，改善呼吸功能，振奋精神，消除疲劳，有效地提高锻炼效果。有研究表明，越是绿色植物茂密的地方，空气中负离子的含量越高（见表 1-1）。因此，体育锻炼应尽量选择在室外，最好是在绿化较好、环境幽雅的地方进行。如在室内锻炼，要开窗通风，并禁止吸烟。

表 1-1　不同地点的空气中负离子含量

单位：个/立方毫米

一般居室	街道、广场	郊外	疗养地	森林、山谷、瀑布附近
40～50	100～400	800～1 000	10 000	20 000

进行体育锻炼时还应注意运动场地和运动设施是否满足一定的卫生要求。例如，场地是否平整，光线是否充足，有无噪声等。只有综合考虑上述各种因素，才能为体育锻炼选择一个良好的运动环境，从而提高锻炼效果，有益于身体健康。

（四）运动时的自我监督

自我监督又称自我检查，是锻炼者在体育锻炼过程中，对自己健康状况和生理功能变化做连续观察并定期记录的行为。其目的在于评价锻炼结果，调整锻炼计划，防止过度疲劳和运动损伤，以利于提高健康水平。经常进行自我监督，对于增强信心，坚持科学锻炼，防止运动过量或不足，提高锻炼效果和养成良好的运动卫生习惯等都有重要意义。

体育锻炼自我监督的内容主要包括主观感觉和客观检查两个方面。

（1）主观感觉包括身体感觉、运动情绪、睡眠、食欲、排汗量和排尿等内容。人的主观感觉是人体功能状况的直接反映。健康并能科学地进行体育锻炼的人总是精力充沛、心情愉快、睡眠正常、食欲良好。反之，则应调整自己体育锻炼的内容、形式和运动强度。

（2）客观检查包括生理指标、运动成绩和其他伤病情况。其中，生理指标主要包括脉搏、血压、体重和肺活量等；运动成绩包括身体素质和专项运动成绩等。

体育锻炼自我监督的具体方法是将体育锻炼后出现的各种生理反应测定的有关数据记录下来，然后对各项记录进行综合分析和判断，检查锻炼的内容、方法和运动负荷是否科学合理。如果发现异常应及时查找和分析原因，及时调整练习内容和运动负荷，必要时暂停锻炼或请医生做进一步检查。

每个人在体育运动过程中和锻炼后出现的各种生理反应和自我感觉都是不同的。因此，应根据自己表现出的不同状况，在综合分析的基础上做出正确的判断，以便更科学地进行体育锻炼。

健体铸魂

“健身是美好的馈赠”

健康是生命的底色，健身是健康的基石。钟南山院士每周都要抽出三到四天的时间进行锻炼，每次锻炼持续 40～50 分钟。“锻炼是生活的一部分”“健身是美好的馈赠”，钟南山院士的感悟影响了很多人。

一个健全的人，要有健康的精神和强健的体魄。当前，“生活要小康，身体要健康”“每天锻炼一小时，健康工作每一天，幸福生活一辈子”等观念已深入人心，主动健身、科学健身已成为一种时尚。

健身是一种精神，是对更快、更高、更强的追求；健身是一种风貌，是自强不息、自信开放、活力无限的体现；健身是一种哲学，将身体、心理和精神方面的各种素质均衡地结合起来，从而使人变得更勇敢、更健壮、更落落大方；健身是一种责任，拥有健康的体魄、乐观的态度、高尚的精神世界，才能更好地对自己负责，对家庭负责，对社会负责。

第二章　高职院校体育

知识目标

- 了解高职院校体育的作用、目的和任务。
- 熟悉高职院校体育的组织形式。

素质目标

- 认识体育的重要性，积极参与体育锻炼，在体育锻炼中陶冶情操、磨炼意志，成为德智体美劳全面发展的社会主义建设者和接班人。
- 感受健康的重要性，在日常生活中主动关注健康，自觉提高个人身体素质。

第一节　高职院校体育的作用与目的

一、高职院校体育的地位和作用

在我国，学校体育是一种多功能的社会活动，它既与竞技体育和体育锻炼三位一体，组成完整的体育系统，又与德育和智育有机结合构成学校教育的主要内容，它对个体学生和整个社会都有着重大而深远的影响。学校体育的作用包括以下四个方面。

（一）培养德、智、体全面发展人才

学校培养人才的质量标准和目标是使学生德、智、体等全面发展，使之成为有理想、有道德、有文化、有纪律的社会主义建设者和接班人。

社会主义现代化建设不仅要求青少年热爱祖国，热爱中国共产党，全心全意为人们服务，还要求青少年具备一定的文化水平和专业知识，练就为现代化建设服务的本领，同时还要有健康的体魄，没有健康的体魄做后盾，难以在现代化建设中发挥应有的作用。

（二）提高国民体质水平

青少年正处于生长发育的关键阶段，经常参加体育锻炼能促进机体的生长发育，提高身体素质，为一生的健康和幸福打下坚实的基础。

青少年是祖国的未来和民族的希望，青少年的体质水平是中华民族体质水平的象征和标志。学校体育教育的目标不仅包括促进学生进行有效锻炼，使学生的体质水平不断提高，还包括培养他们终身参与体育锻炼的良好习惯，使他们能以充沛的精力、健康的心态和强健的体魄去从事学习和工作。

（三）为国家输送优秀体育后备力量

在学校体育教育中，教师可以及早发现有运动天赋的学生，再对其进行系统和科学的训练，使之成为国家体育后备人才。因此学校体育应该在普及体育知识的基础上，重视业余运动训练，并有目的、有计划和有组织地开展业余运动训练工作，使学生掌握基本的体育知识和技能，提高学生的身体素质和运动水平，为国家体育培养后备人才。

（四）促进学生身心和谐发展

随着年龄的增长，青少年的自我意识不断增强，个性特征逐渐明显，但是还有很多青少年身心发展不平衡，性格也不够成熟。在这个阶段学校面向学生开展多种体育活动，可以帮助学生进行自我调整，提高其自控能力，使其保持稳定心理状态。学校体育应重视学生的主体意识和兴趣爱好，不断深化教学改革，不断创新教学模式和活动内容，从而有效地促进学生身心的全面发展。

二、高职院校体育的目的和任务

（一）高职院校体育的目的

学校体育的目的是为社会主义现代化建设培养德、智、体全面发展的人才，使学生的身心得到全面、健康的发展，使其更好地完成学校的学习任务，将来更好地建设祖国和服务社会。

（二）高职院校体育的任务

与学校体育的目的相对应，学校体育的任务包括以下四项。

（1）全面锻炼学生的身体，促进其身体形态结构、心理和生理机能的发展，提高其身体素质和基本的体育活动能力，提高其对外界环境的适应能力。

（2）使学生掌握体育和健康的基础知识，学会锻炼身体的技能与方法，掌握部分体育项目的基本技术，并能运用所学知识进行自我调控、自我检测和自我评价，为其终身健身奠定扎实的基础。

（3）对学生进行爱国主义和集体主义教育，培养其积极乐观、顽强拼搏的良好品质和团队合作意识，使其能正确对待个人和集体的成功与失败；使学生树立现代体育意识，并把健康与学习、生活和自身发展等联系起来，提高其对体育的兴趣和对体育比赛的欣赏能力，使其养成积极参加体育锻炼的习惯。

（4）发展学生的体育才能，提高学生运动竞技水平。学校是培养人才的场所，体育教育应在普及体育知识的基础上对部分具有一定运动才能的学生进行课余的专项体育锻炼，进一步加强他们的才能，为国家体育培养和输送后备人才。

第二节　高职院校体育的组织形式

一、体育课程教学

体育课程是学校教学计划中所规定的必修课程。体育课程教学是学校实施体育教育最主要的组织形式，其既是学校体育教育工作的中心环节，又是实现学校体育教育目标的基本途径。

体育课程教学分为理论课教学和实践课教学两部分。

（一）理论课教学

理论课教学是教师根据体育理论教材，按教学计划和课时进度，系统地向学生传授体育科学知识和体育实践方法的过程。其目的是加强学生对体育的理性认识和对体育文化内涵的深刻理解，使学生形成体育锻炼的意识，树立终身体育锻炼的观念。

（二）实践课教学

实践课教学是以身体练习为基本手段，以教师为主导，以学生为主体专门进行的体育教学过程，是高校实现体育教育目标的基本组织形式。教师在教学过程中要注意充分调动和发挥学生主观能动性，让学生主动接受一定的运动负荷，从而有效锻炼学生的体格，增强学生的体能。

二、课外体育活动

课外体育活动是学校体育的重要组成部分，实际上也是体育课的延续和补充。它的目的是让学生将课上所学的技术和技能在课外进行具体运用与实践。课外体育活动主要包括早操和课间活动。

（一）早操

早操既是学生作息制度的组成部分，又是学校维持正常教学秩序的重要环节。做早操是指学生每天早上起床后到室外做操或进行一般性的身体活动。

早操时间一般为 15～20 min，因为学生上午要上课，所以早操的活动量不宜太大。早操内容多为广播操，也可以是健身跑、打拳、健美操和各种身体素质练习等。组织形式应为集体活动和个人活动相结合。

学生坚持做早操不仅可以锻炼个人意志，促进身心健康，而且可以消除早晨起床后大脑的抑制状态，激活机体的生理机能，促进学生以充沛的精力和饱满的情绪开始一天的学习生活。

（二）课间活动

课间活动是指下课后学生利用课间休息的几分钟在教室周围做一些轻松的身体活动。做课间活动是一种很好的休息方式，可以为学生注入新的活力和精力，从而提高其学习效率。

三、课余体育运动训练

课余体育运动训练是在普及群众性体育运动的基础上，对部分热爱体育运动、身体素质好、有专项运动特长的学生进行系统体育训练的过程。

课余训练的目的是提高学生竞技运动水平，为不同层次体育比赛选拔人才，另一方面，为学校培养体育骨干，以便指导和推动群众性体育活动的开展。

通常来说，课余体育运动训练必须根据学生的年龄特点、运动基础、生理和心理制订专门的训练计划，必须遵循运动训练原则，采用科学训练方法进行训练，确保学生在增强体质的基础上进行力所能及的课余训练，切实提高其运动水平和运动成绩。

四、课余体育竞赛

课余体育竞赛具有竞争性和趣味性，是推动学校群众性体育活动开展的有效形式，其具有振奋人心、鼓舞激情、宣传体育精神和增强学生体质的作用。通过课余体育竞赛，还可以检查体育课程教学、课外体育活动和课余体育运动训练的效果，加强学生之间的交流，增强其团队意识和集体意识。

健体铸魂

山西体育职业学院：运动风采彰显体育教育新成果

裁判员代表队、各系运动员代表队及教职工代表队伴随着激越的运动员进行曲依次走过主席台，体育舞蹈队、武术队和田径队进行精彩的项目展示，运动健儿在跑道上奋勇争先……

2021 年 5 月 20 日至 21 日，山西体育职业学院举行了第十一届学生田径运动会暨第三届教职工运动会。在运动会期间，运动健儿奋勇拼搏，迎难而上，团结互助，彰显了全院学子的青春风采和全体教职工积极上进的良好风貌。

本次运动会创造了山西体育职业学院校运会史上的两个“最”——参赛范围最广、运动成绩最好。本次运动会共有来自 6 个系的 710 名本科、高职和中专的学生，以及 160 名教职工参赛。在运动会上，共有 23 人打破了 15 项学院田径运动会纪录，这充分彰显了山西体育职业学院近年来的教学、训练水平。

近年来，山西体育职业学院秉承“推动学院在高质量发展上闯出新路子，在构建现代化职业教育新格局上展示新作为，在落实立德树人根本任务上彰显新担当”的初心和使命，实现了“三个转变”：育人平台从“夯基垒台”向“立柱架梁”转变，成果创新从“跟跑并跑”向“并跑领跑”转变，制度创新从“点上突破”向“系统集成”转变。此外，在实现“三个转变”基础上，山西体育职业学院还进一步完善管理体制，提高管理质量，释放办学活力。

山西体育职业学院院长表示，举办本次运动会就是要使师生筑牢自强不息、锤炼本领的坚韧之志，铸就修身正德、强健体魄的人格魅力。希望全体师生传承奋进的传统，迈开实干的脚步，勠力同心、守正创新，以优异的成绩迎接建党 100 周年。

职业体能篇

第三章　健康体适能

知识目标

- 了解体适能的评价指标。
- 熟悉体育锻炼的基本原则和运动处方的相关知识。
- 掌握提高体适能的方法。

素质目标

- 以积极的心态面对体适能评价，不断陶冶个人情操，健全人格，提高自身素质和能力。
- 以增进健康、增强体质为目的，科学、合理地进行体育锻炼。

第一节　体适能的评价

一、体适能的评价指标

体适能包括健康体适能和技能体适能两部分。健康体适能是与健康有密切关系的体适能，是指使心血管、肺和肌肉发挥最理想效率的能力。

（一）心肺耐力

心肺耐力指人体摄氧并将氧气转化以维持人体高强度活动的能力。心肺和血管的功能对于清除体内垃圾具有重要的作用，尤其是在进行一定强度的活动时，良好的心肺功能显得尤为重要。心肺功能越强，在走、跑、学习和工作时就会感觉越轻松，持续进行各种活动的时间也越长。

（二）肌肉力量

肌肉力量是指肌肉或肌肉群抵抗阻力的能力，所有的身体活动均需要使用肌肉力量。肌肉强壮有助于预防关节扭伤，还有助于减轻肌肉疼痛和身体疲劳，而肌肉力量较差则会影响身体的形态和功能。例如，腹肌力量较差往往会导致驼背。需要注意的是，不应在强调某一肌肉群发展的同时而忽视另一肌肉群的发展，否则会影响身体的结构和形态。

（三）肌肉耐力

肌肉耐力是指肌肉或肌肉群在一段时间内重复进行肌肉收缩的能力。肌肉耐力与肌肉力量密不可分。肌肉强壮和肌肉耐力好的人更能抵御疲劳，因为这样的人只需花很少的力气就可以重复收缩肌肉。

（四）柔韧性

柔韧性是指身体各个关节的活动幅度，以及附着在关节上的肌肉、肌腱、韧带、皮肤和其他组织的弹性和伸展能力，其可以通过经常性的体育锻炼得到提高。柔韧性是绝大多数锻炼项目所必需的，其对于提高身体活动水平、预防肌肉紧张及保持良好的体态等具有重要的作用。

二、体适能的自我评价

（一）评价心肺功能

心肺功能是进行耐力运动（如长跑、游泳等）的基础，测量心肺适应水平的方法是对人体的最大摄氧量（又称最大耗氧量）进行评价。由于直接测量最大摄氧量（VO_{2max}）需要昂贵的实验设备且费时，因此，研究人员设计了许多简便易行的测试方法。

1．12 min 跑

12 min 跑是测试心肺适应水平的最简单的方法之一。运动生理学的研究表明，心肺适应水平代表了全身耐力水平，在一定时间内通常心肺适应水平高的人比心肺适应水平低的人能跑更长的距离。

12 min 跑的测试方法是先做准备活动，然后在跑道上尽量快跑，过程中如感到呼吸困难，应减慢速度，及时调整呼吸。以 12 min 跑评价心肺适应水平的参考标准如表 3-1 所示。例如，张某某，21 岁，男，12 min 内跑了 2.35 km，其对应的心肺适应水平等级为一般。

表 3-1　以 12 min 跑评价心肺适应水平的参考标准

单位：km

心肺适应水平等级		13～19 岁年龄段测试者跑动距离	20～29 岁年龄段测试者跑动距离
男	很差	<2.08	<1.95
	较差	2.08～2.18	1.95～2.10
	一般	2.19～2.49	2.11～2.39
	较好	2.50～2.75	2.40～2.62
	良好	2.76～2.97	2.63～2.82
	优秀	≥2.98	≥2.83
女	很差	<1.60	<1.54
	较差	1.60～1.89	1.54～1.78
	一般	1.90～2.06	1.79～1.95
	较好	2.07～2.29	1.96～2.14
	良好	2.30～2.41	2.15～2.32
	优秀	≥2.42	≥2.33

2. 台阶测试

台阶测试是测试心肺适应水平的一种常见方法。它的优点包括可以在室内进行测试，不需要昂贵的器械，可以在很短的时间内完成，适合不同身体条件的人。运动生理学的研究表明，心肺适应水平高的人比心肺适应水平低的人在台阶测试后 3 min 恢复期内心跳频率更低。

男生台阶测试的台阶高度为 30 cm，女生台阶测试的台阶高度为 25 cm。根据测试者身高的不同，台阶高度还可做适当的调整。台阶测试可按以下步骤进行。

（1）测试时间为 3 min，测试者每分钟踏 30 次（上下），可以让同伴用节拍器或声音进行提示。每次上下台阶后上体和双腿必须伸直，不能曲膝。

（2）测试后，测试者应立即坐下，并测量运动后 1 分钟至 1 分 30 秒，2 分钟至 2 分 30 秒，3 分钟至 3 分 30 秒等 3 个恢复期的心率。

台阶测试评定指数的计算公式如下：

评定指数=台阶运动持续时间（s）×100/（2×恢复期 3 次心率之和）

以台阶测试评价心肺适应水平的参考标准如表 3-2 所示。例如，王某某，21 岁，男，评定指数为 52.5，则他的心肺适应水平等级为 2 分（即较差）。

表 3-2　以台阶测试评价心肺适应水平的参考标准

心肺适应水平等级	18～25 岁年龄段男性评定指数	18～25 岁年龄段女性评定指数
1 分（差）	45.0～48.5	44.6～48.5
2 分（较差）	48.6～53.5	48.6～53.2
3 分（一般）	53.6～62.4	53.3～62.4
4 分（较强）	62.5～70.8	62.5～70.2
5 分（强）	≥70.9	≥70.3

（二）评价肌肉力量

评价肌肉力量可采用一次重复最大重量测试。需要注意的是，由于这种测试容易导致肌肉损伤，所以被测者必须经过一至两周力量练习，并在具备技术和力量条件的情况下进行测试。一次重复最大重量测试旨在测试选定的肌肉群的力量，具体测试方法如下：先针对选定的肌肉群做 5～10 min 准备活动，然后选择毫不费力就能举起的重量进行练习，并逐渐增加重量直到只能举起一次，然后记录该次举起的重量。

一次重复最大重量测试的方法有很多，测上体肌肉群力量的方法包括负重屈肘、肩上举和仰卧推举等，如图 3-1 至图 3-3 所示。测腿肌力的方法主要是坐姿蹬腿，如图 3-4 所示。

图 3-1 负重屈肘

图 3-2 肩上举

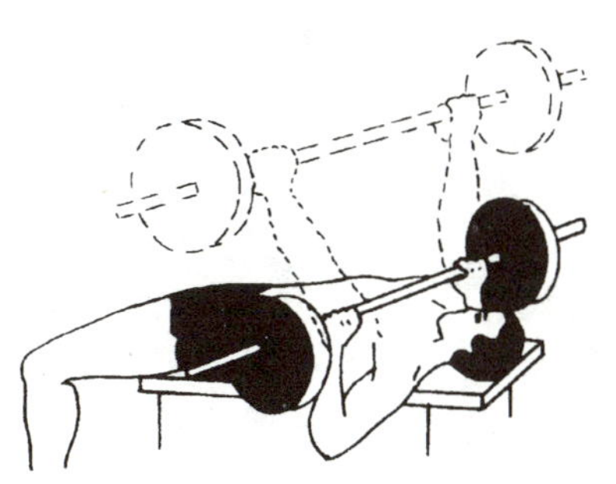

图 3-3 仰卧推举

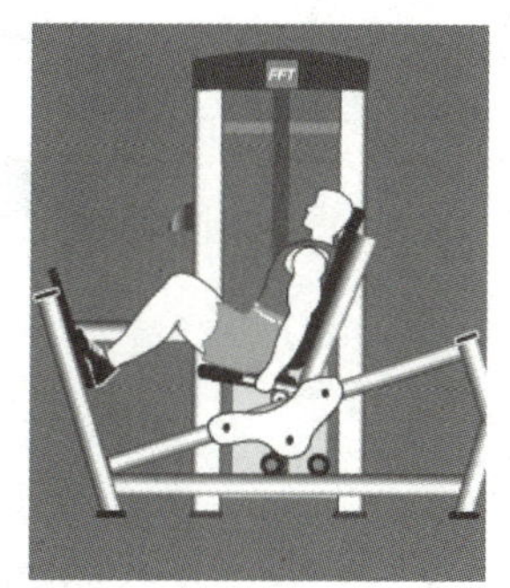

图 3-4 坐姿蹬腿

计算一次重复最大重量测试成绩的公式如下：

肌肉力量分数=一次重复最大重量/体重×100

例如，一位体重为 68 kg 的男生，他的仰卧推举为 80 kg，那么他的肌肉力量分数=80÷68×100≈117.7 分，对照表 3-3，这位男生的肌肉力量等级为较好。

表 3-3 以一次重复最大重量测试评价肌肉力量的参考标准

单位：分

测试方式		肌肉力量分数对应的肌肉力量等级					
		很差	较差	一般	较好	好	优秀
男	仰卧推举	<50	50～99	100～110	111～130	131～149	>149
	负重屈肘	<30	30～40	41～54	55～60	61～79	>79
	肩上举	<40	40～50	51～67	68～80	81～110	>110
	坐姿蹬腿	<160	160～199	200～209	210～229	230～239	>239
女	仰卧推举	<40	40～69	70～74	75～80	81～99	>99
	负重屈肘	<15	15～34	35～39	40～55	56～59	>59
	肩肌力	<20	20～46	47～54	55～59	60～79	>79
	腿肌力	<100	100～130	131～144	145～174	175～189	>189

（三）评价肌肉耐力

测试肌肉耐力的方法有很多，最简单的是俯卧撑和卷腹。俯卧撑主要测试肩部、臂部和胸部肌肉耐力，卷腹则主要测试腹部肌肉耐力。

1．俯卧撑

俯卧撑测试通常用于测试男性肌肉耐力。具体方法如下：首先，用两手撑地，手指向前，身体呈俯卧姿势；然后，调整两手间距，使两手间距与肩同宽，同时两腿向后伸直，用脚尖撑地；接着，屈臂使身体平直下降，尽量保持肩与肘在同一平面上，注意躯干、臀部和下肢要挺直；当胸部离地 2.5～5 cm 时，撑起，恢复到预备姿势，即为完成一次。如图 3-5 所示。记录 1 min 内完成俯卧撑的次数，然后对照表 3-4 确定肌肉耐力等级。

图 3-5　标准俯卧撑

表 3-4　以俯卧撑测试评价肌肉耐力的参考标准（男）

单位：次

年龄组	1 min 内完成俯卧撑的次数对应的肌肉耐力等级				
	1 分（差）	2 分（一般）	3 分（较好）	4 分（好）	5 分（优秀）
18～20 岁	4～11	12～19	20～29	30～39	≥40
21～25 岁	3～9	10～16	17～25	26～33	≥34
26～30 岁	2～8	9～15	16～22	23～29	≥30

2．卷腹

卷腹的特点在于卷腹排除了腿部肌肉的作用，同时避免背部承受过大的压力。做卷腹时上体与垫子的角度不超过 40°，肩部抬起的高度为 14～25 cm，如图 3-6 所示。

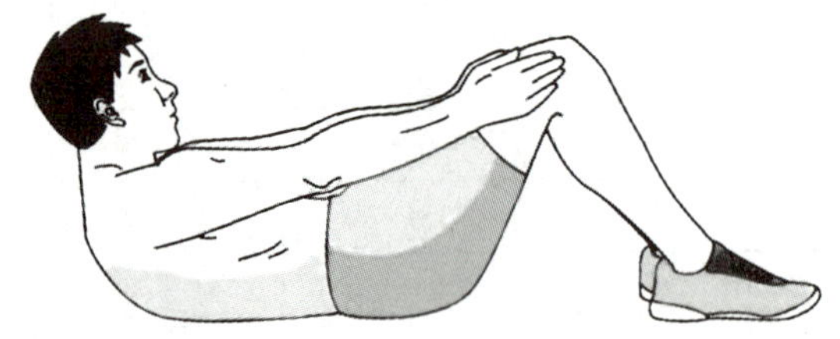

图 3-6　卷腹

卷腹测试的方法如下：仰卧于垫上，两腿稍分开，曲膝成 90°，两臂伸直，用指尖去触摸膝盖，再返回原来的位置，即为完成一次。记录最终完成的次数，然后对照表 3-5 确定肌肉耐力等级。注意两次卷腹的间隔时间超过 10 s 应停止记录。

表 3-5　以卷腹测试评价肌肉耐力的参考标准

单位：次

组别	完成卷腹的次数对应的肌肉耐力等级				
	差	一般	较好	好	优秀
男	≤29	30～44	45～59	60～74	≥75
女	≤24	25～39	40～49	50～59	≥60

（四）评价柔韧性

柔韧性测试的方法有坐位体前屈和肩部柔韧性测试等。本书将会在附录中对坐位体前屈测试进行详细介绍，所以这里只介绍肩部柔韧性测试。肩部柔韧性测试是测试肩关节的活动范围，具体测试方法如下：身体直立，举起左手，前臂向体后伸展，同时用右手从体后去触及左手，尽可能地使两手手指重叠，如图 3-7 所示。之后交换双手动作，再做一次。两手手指所重叠的长度即为肩部柔韧性测试的得分（单位为 cm），可对照表 3-6 确定肩关节柔韧性等级。

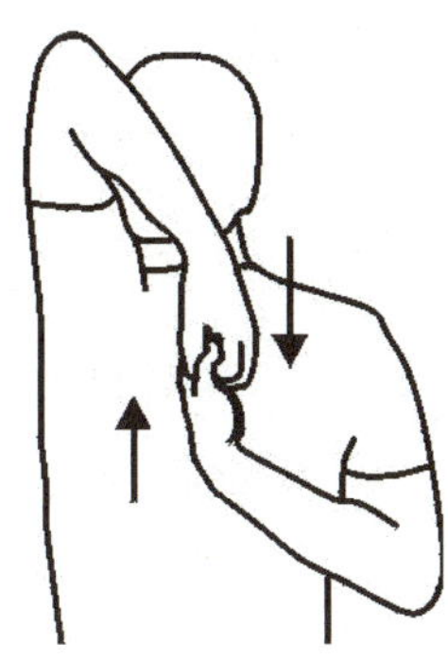

图 3-7　肩部柔韧测试

表 3-6　肩部柔韧性的评价标准

单位：cm

柔韧性等级	左手在上时两手手指重叠的长度	右手在上时两手手指重叠的长度
很差	<0	<0
一般	0～2.5	0～2.5
较好	2.6～5	2.6～5
好	5.1～7.5	5.1～7.5
优秀	7.6～10	7.6～10

第二节　体育锻炼与体适能

一、体育锻炼的基本原则

尽管具体的锻炼手段和方法因人而异，但科学锻炼的原则是每一位锻炼者都应该遵循的，具体包括自觉性原则、经常性原则、渐进性原则、全面性原则和适量性原则。

（一）自觉性原则

自觉性原则是指体育锻炼者应根据已设定的锻炼目标主动进行锻炼。体育锻炼本身是一个克服自身惰性、战胜各种困难的自我锻炼和自我完善的过程，也是养成良好习惯的过程。就当代大学生而言，一部分人能认识到体育锻炼对增强体质、提高学习效率的作用，并从行为和精神都上把身体锻炼作为每天生活中不可缺少的一部分，对体育锻炼的态度是自觉的、积极的，态度是“我要练”。而另一部分是“要我练”的学生，虽然他们也在锻炼，但未能充分认识到锻炼身体的重要性，因而在锻炼时态度消极、被动，达不到应有的锻炼效果。

自觉性原则的要求包括以下两点。

（1）明确目的，端正动机。有的学生能积极参加体育锻炼，是出于对某项运动有兴趣，也有的是出于好奇心，还有的怕体育课成绩不佳、影响自己的学业等。这些目的都无可厚非，重要的是在运动中发现运动的乐趣，享受乐趣。

（2）培养兴趣，调动积极性。大学生在开始从事体育锻炼时，无论对内容、方法的选择或对运动负荷的安排上，都应从有利于培养兴趣入手，这对于调动锻炼积极性、养成体育锻炼习惯是十分重要的。

（二）经常性原则

体育锻炼必须持之以恒，使之成为日常生活中的重要内容。在体育锻炼对人体给予刺激的过程中，每次刺激都产生一定的作用。这种刺激使动作技能形成的条件反射得到强化，使机体结构和机能产生新的适应，能不断增强体质。

如果坚持经常锻炼，使之成为作息制度的一个组成部分，就会形成生物钟节律，有助于提高锻炼效果。反之，体育锻炼时断时续或长时间停止锻炼，那么已形成的动作技能就会消退，身体各种机能、素质就会慢慢减弱。所以说，强健的体魄和较高的运动水平，并非一朝一夕所能练就，已取得的锻炼成果也不是一劳永逸的。只有经常坚持体育锻炼，保证锻炼时间、次数、强度的衔接性和连续性，才能获得良好的锻炼效果。

经常性原则的要求包括以下三点。

（1）合理安排锻炼间隔，开始可每周一次，适应后再增加次数。

（2）要克服惰性，为进行体育锻炼创造条件，要坚持规律的体育锻炼。

（3）锻炼后产生肌肉酸痛是正常的生理反应，随着机体的适应会逐渐消失。在肌肉酸痛期间，锻炼者要有毅力去完成每次锻炼的内容，保证锻炼时间和质量，不断增加锻炼的信心。

（三）渐进性原则

体育锻炼必须遵循人体生理机能活动变化规律，逐步积累，切实达到增强体质的效果，而体育锻炼的内容、方法和运动负荷的安排，应按合理的顺序逐步改善和提高。

每次锻炼的负荷量应在机体能承受的范围内。经过一段时间锻炼后，原来的负荷会变得不再适合，这就需要做适当的调整（即增加负荷），才能达到锻炼身体的目的。如果循而不进，只能使体质保持在原有的水平；如果循而冒进，则会损害身体健康。

渐进性原则的要求包括以下三点。

（1）体育锻炼不能急于求成，要有目的、有计划、有步骤、循序渐进地进行。

（2）运动负荷必须符合自己的实际情况，锻炼后既要有适度的疲劳感觉，又要有能感到胜任的愉快，然后再加以调整，以取得新的锻炼效果。

（3）体育锻炼时应遵循人体生理机能活动变化规律。人体活动能力的提高，要经过上升阶段（机体适应过程）、稳定阶段（机体进入工作状态）和下降阶段（机体产生疲劳），所以每次锻炼前要做好充分的准备活动，使身体“预热”，减少肌纤维之间的摩擦。结束前应做好整理放松练习，尤其是早晨或寒冷的冬天，更应重视准备活动，这样可以避免运动损伤。

（四）全面性原则

全面性原则是指应通过体育锻炼全面发展身体的各器官和系统的机能、各项身体素质及基本活动能力，并且追求身心的和谐发展。

人体是一个整体，各器官系统是相互影响、相互制约的。任何局部机能的提高必然促进机体其他部位机能的改善。当某一运动素质得到发展时，其他运动素质也会不同程度地有所发展，而某一方面的锻炼与发展也会对其他方面产生积极的影响。如果体育锻炼的内容和方法单一，则会给锻炼带来很大的局限性，不能获得良好的整体效应。

全面性原则的要求包括以下三点。

（1）身体形态锻炼和内脏器官的锻炼要紧密结合，使机体全面、协调地发展。在身体形态锻炼上，可以通过练习徒手操、韵律操、健美操等使身体形态更匀称；在内脏器官的锻炼上，可以通过走跑交替、匀速跑、滑冰等有氧运动来提高心肺适应水平。最终，达到身体形态锻炼和内脏器官锻炼的内外结合、协调统一。

（2）身体素质锻炼要全面。在安排锻炼项目时，应注意选择多样的体育项目，以达到全面锻炼的目的。对于自身比较薄弱的素质，要在全面锻炼的基础上加强培养。

（3）要注意培养心理素质。在进行体育锻炼时，只有将身体和心理两者有机地结合，才能获得健身、健体、愉悦心理、陶冶情操的良好效果。

（五）适量性原则

适量性原则是指体育锻炼者的运动负荷要适宜。运动负荷包括运动量和强度。前者指完成练习的时间、次数、组数、距离和负重总量等。后者指动作速度、练习密度、间歇时间、难度等。在体育锻炼中，运动负荷是否适宜，直接关系到锻炼的效果。实践证明，运动负荷太小则对机体的刺激小，锻炼效果不明显；而运动负荷过大则会损伤机体。当然，运动负荷的大小应因时、因人而异。

适量性原则的要求包括以下两点。

（1）要根据锻炼者的性别、年龄、体质状况、学习和工作强度等来合理安排运动负荷。

（2）要根据季节、气候的变化，适当调整运动负荷。例如，在寒冷的冬天要适当增加热身时间，以防冻伤。

二、科学制订运动处方

早在 20 世纪 50 年代，美国生理学家卡波维奇就曾提出过运动处方这个概念；1960 年日本生理学家首先使用运动处方这一术语；1969 年世界卫生组织使用了这一术语，标志着它在国际上得到确认。

（一）运动处方的概念

“处方”一词在医学上指的是医师给患者开的药方，不同的病或同一种病而程度不同就不能使用同一处方。同样，要科学地锻炼身体，提高健康水平，预防或治疗疾病，也必须“对症下药”。

所谓“运动处方”，就是以增进健康、增强体质为目的而制订的一系列与个人身体状况相适应的、行之有效的科学运动方法，即用医师处方的形式规定健身运动参加者或体疗患者锻炼的内容、形式和运动强度。它是指导人们有目的、有计划、科学地进行体育锻炼的一种形式。

（二）运动处方的制订

1．健康检查

了解锻炼者的一般身体发育、伤病情况和健康状况，以确定是否是健身运动的适应者，有无禁忌征。

2. 运动负荷测定

检测和评定锻炼者对运动负荷的承受能力。以心肺功能为主，进行安静和运动状态下的生理功能检测，测试指标主要有心率、血压和肺活量等。

3. 体能测试

进行力量、耐力、速度和灵敏度的身体素质检测，从中判定锻炼者的运动能力和生理机能的状况。

4. 制订运动处方

（1）运动目的：通过有目的的锻炼达到预期的效果。制订运动处方的目的有健身、娱乐、减肥和治疗等多种类型。

（2）运动项目：为锻炼者提供最合适的运动项目关系到锻炼的有效性和持久性。选择运动项目要考虑运动的目的和条件，还要结合体育兴趣、爱好等。根据不同的运动特征可以将运动项目分为许多类型，现代运动处方通常包括以下三种类型。

① 有氧耐力性运动，如步行、慢跑、走跑交替、自行车、有氧舞蹈、健美操和不剧烈的球类运动等；

② 抗阻力性力量运动，如利用哑铃、杠铃、弹簧和橡皮筋等负重法或阻抗法进行的力量练习；

③ 伸展柔韧性运动，如慢节奏健美操、医疗体操和瑜伽等。

（3）运动强度：是指运动时的剧烈程度。它是衡量运动量的重要指标之一，可用每分钟的心率次数来表示大小。一般认为学生心率 120 次/分钟以下为小强度，120～150 次/分钟为中强度，150～180 次/分钟或 180 次/分钟以上为大强度。测量运动强度的简单办法是：测量运动后 10 s 的脉搏再乘以 6，就是 1 min 的运动强度。

① 适宜运动强度范围可用靶心率来控制：以本人最高心率的 70%～85%的强度作为标准。

靶心率=（220−年龄）×（70%～85%）

例如，20 岁的靶心率是 140～170 次/分钟。

② 最适宜运动心率，其计算公式为：

最大心率=220−年龄

心率储备=最大心率−安静心率

最适宜运动心率=心率储备×75%+安静心率

例如，某大学生 20 岁，安静心率为 70 次/分钟，他的最大心率为 220−20=200（次/分钟），心率储备为 200−70=130（次/分钟），最适宜运动心率为 130×75%+70=167.5（次/分钟）。

（4）运动时间：指一次锻炼的持续时间。它与运动强度紧密相关，强度大时间应稍短，强度小时间应稍长。有氧锻炼一般在 30 min 左右就可以达到较好的效果。

（5）运动频度：指每周的锻炼次数。据研究表明，1 周运动 3 次以上，效果才明显。

减肥运动处方示例如表 3-7 所示。

表 3-7 减肥运动处方示例

姓名：×××	性别：女	年龄：20 岁
职业：学生	体育爱好：羽毛球	

健康检查：身高为 1.55 m，体重为 60 kg，体脂率较高，无病史。
运动负荷测定：安静脉搏为 79 次/分钟，血压为 75/115 mmHg（1 mmHg=0.13 kPa），肺活量为 2 800 mL。
体能测定：1 min 内能做 25 个仰卧起坐，800 m 跑了 4 min。
体质评定：健康状况较好，体脂率较高，心肺功能稍差。

运动目的：减肥和健身。
运动项目：羽毛球、健身跑、健美操和篮球等。
运动强度：运动心率保持在 140～170 次/分钟。
运动时间：12 周（减少体重 3～5 kg），每次 30～60 min。
运动频度：4～5 次/周
注意事项：适当控制饮食，减少糖、油脂的摄入，搭配食用一些蔬菜和水果，生病时停止运动。

复查日期：
医生或健康指导教师签名：

年　　月　　日

有氧运动的十大真相

三、提高体适能的方法

（一）提高心肺功能的方法

1. 综合性练习

综合性练习是指将几种不同的锻炼内容综合起来。例如，第一天跑步，第二天游泳，第三天骑自行车。综合练习的优点是减少了日复一日进行同一种练习的枯燥，同时可以防止身体同一部位被过度使用。

2. 持续性练习

持续性练习是指长时间、长距离、慢节奏和中等强度（约 70%最大心率）的锻炼。在各方面条件适宜的情况下，一次可持续锻炼 40～60 min。同运动强度较大的练习方式相比，持续性练习的安全性较高。

3. 间歇性练习

间歇性练习是指重复进行强度、时间、距离和间隔时间都较固定的锻炼。间歇性练习的运动强度可以稍大些，锻炼方式也可以有所变化，这样锻炼效果更佳。

（二）提高肌肉力量、耐力的方法

根据肌肉收缩的类型，力量练习可分为等张练习、等长练习和等动练习。

1. 等张练习

等张练习又称动力性练习，是指以肌肉等张收缩的形式进行负重或不负重的动力性抗阻练习。等张练习能有效地发展动力性力量，改善神经肌肉的协调性，其不足之处是进行等张练习时，通常按照力量最弱关节的承受力来安排负荷，所以整个练习的运动负荷往往偏小。

2. 等长练习

等长练习又称静力性练习，是指人体保持某一特定姿势进行抗阻力练习。等长练习能有效地发展静力性力量和静力耐力。

3. 等动练习

等动练习是借助专门的等动训练器在动力状态下完成练习的方法。在整个练习中关节运动在各角度上均受到相同的较大负荷，从而使肌肉在整个练习中均能产生较大的张力。

（三）提高柔韧性的方法

1. 手指手腕柔韧性练习

① 握拳，然后伸展，反复练习。

② 两手五指相触，用力内压，使指根与手掌背向成直角或小直角。

③ 两手五指交叉直臂向头上翻腕，掌心朝上。

④ 手腕伸屈，绕环。

⑤ 用一只手掌心压另一只手四指，连续推压。

⑥ 面对墙站立，用手指发力，做推撑。

⑦ 用手抓下落的棒球（或小铅球），左、右手交替进行。

⑧ 靠墙倒立。

2. 肩关节柔韧性练习

① 压肩。面对一定高度的横木站立，手扶横木，身体前屈，过程中注意压肩；两人面对面站立，双手扶对方肩，身体前屈，过程中注意压肩；面对墙站立，脚尖距墙 30 cm，用手、大小臂、胸触墙，过程中注意压肩，熟练后逐渐加大脚与墙的距离。

② 拉肩。双人背向站立，双手从头上过，拉住对方的双手，同时作弓箭步前拉；背向肋木站立，双手反握肋木并下蹲，向下拉肩；侧向肋木站立，一手上握肋木、一手下握肋木，向一侧拉伸。

③ 吊肩。正握或反握单杠，做悬垂摆动。

④ 转肩。双手握住木棍或绳子两端，做直臂向前、向后转肩，熟练后逐渐缩小握距。

3. 下肢柔韧性练习

① 前后、左右劈腿。在垫子上练习前后、左右劈腿。

② 练习者仰卧屈腿或直腿都可以，由同伴扶腿部不断下压。

③ 压腿：面对肋木站立，双脚距肋木 50 cm，将一只脚抬起放在肋木上面，另一只脚脚尖朝前，然后向前压腿，过程中注意勾脚。

④ 踢腿：原地扶把杆站立或行进，练习正踢（勾脚）、侧踢和后踢。

⑤ 摆腿：原地扶把杆站立或行进，练习向内、向外摆腿。

⑥ 练习用脚内侧、外侧、脚跟、脚尖行走。

4. 踝关节和足背部柔韧性练习

① 双手正握肋木站立，用双脚前脚掌卡住肋木，然后身体向后仰，双脚用力挤压踝关节。

② 跪坐在垫子上，臀部前后、左右移动，利用体重压足背。

③ 做前脚掌着地的跳跃练习。

④ 做前脚掌着地的不同方向、不同速度的行走练习。

健体铸魂

云南大学将学生的体质测试成绩与毕业证直接挂钩

从2021年秋季开始，云南大学就将学生的体质测试成绩与毕业证直接挂钩。根据学校新规定，本科所有年级均开设体育必修课，四年总计 200 学时；每学期体育课成绩分为“运动技能成绩+体质测试成绩+平时成绩”三大部分，学生如果体育成绩总分不及格，将拿不到毕业证。

“体质测试成绩挂钩毕业证”不是云南大学的首创举措。2014 年教育部印发的《高等学校体育工作基本标准》中明确规定，“建立健全《国家学生体质健康标准》管理制度，学生测试成绩列入学生档案，作为对学生评优、评先的重要依据。毕业时，学生测试成绩达不到 50 分者按结业处理”。

2021 年 9 月，教育部发布了第八届全国学生体质和健康调查结果：与 2014 年相比，2019 年全国 19 至 22 岁的大学生身体素质多项指标呈下降趋势，握力、立定跳远、50 米跑、男生引体向上及坐位体前屈等指标都存在不同程度的下降，代表耐力素质的男生 1 000 米和女生 800 米的平均成绩分别下降 12.37 秒、9.56 秒。

遏制大学生身体素质指标下降趋势、增强大学生体质势在必行。对此，除了要加强宣传引导外，更需要通过制度“加压”。云南大学的做法值得推广。

“体质测试成绩挂钩毕业证”并非洪水猛兽，只要高校开足、开齐体育课，利用好体育课堂主阵地，再加上学生的主动配合，学生体质一定能得到有效改善，学生也会顺利拿到毕业证。更重要的是，通过这种善意的强制帮助，能使大学生养成良好的锻炼习惯，从而受益终身。

第四章　职业体能训练概述

知识目标

- 了解职业体能训练的意义和任务。
- 熟悉职业体能训练的内容。

素质目标

- 了解开展职业体能训练的意义，提高身体素质，从而提高对不同环境条件的适应能力，为未来投身社会主义现代化建设打好健康基础。
- 树立“健康第一”的理念，培养终身体育意识和良好的心理素质，学会自我保健。

第一节　职业体能训练的意义和任务

一、开展职业体能训练的意义

职业体能训练是指以体育锻炼为基本手段，根据不同类型的职业对身体素质和活动能力的需求而开展的旨在提高身体素质、保障工作水平和社会适应能力的专门性训练。开展职业体能训练可以帮助学生充实和完善对职业活动有益的基本活动能力和身体素质储备，在此基础上保障身体活动水平的稳定性，提高机体对不良劳动环境条件的适应能力，以此保持和增进未来劳动者的健康。

二、开展职业体能训练的基本任务

开展职业体能训练的基本任务是帮助学生发展现代职业劳动所需要的身体素质和体育能力，使学生树立“健康第一”的理念，提高职业性体育技能；培养终身职业体育意识和良好的心理素质，掌握并善于选择休闲体育项目，学会自我保健。

第二节　职业体能训练的内容

目前我国的职业达到 1 000 多种，不同职业的工作方式不相同，对体能的要求也不一样。即使同一种职业，其内部也分为不同的工种。因此，在开展职业体能训练时，需针对职业工种的具体特点选择适合的体育项目。下面按工作时的身体姿势、职业种类及职业体能要求进行分类阐述，如表 4-1～表 4-3 所示。

表 4-1　按工作时的身体姿势进行分类的职业体能训练内容

职业类型	职业示例	工作特征	体能的特殊要求	体能训练的主要手段
坐姿类	文秘、金融、家电维修、计算机信息、财务会计、管理类工作	大多在室内，需较长时间坐着进行职业活动，以脑力劳动为主	能较长时间保持充沛的体力、精力和注意力，反应敏捷地进行脑力劳动； 长时间工作容易导致精神紧张、体力不支、代谢水平降低，眼睛、脖子、背部酸疼，反应迟钝，肠胃功能降低等不良反应	定位运动：颈部旋转运动、手臂旋转运动、双臂背后拉伸、肩部运动、扩胸运动、体侧运动、体转运动等 活动性练习：俯卧撑、对墙倒立、仰卧举腿、健身跑等
站立类	警察、服务、烹饪、机械制造、纺织、化工、建筑类工作	在特殊环境中工作，以站立或行走为主要身体姿势	需具有较强的体魄、充沛的体力、良好的心理素质以及在特殊环境中进行工作的能力； 长时间工作容易患静脉曲张、关节炎、髌骨和腰肌劳损、腰椎间盘突出症，甚至出现驼背、塌腰、曲膝等职业病	定位运动：伸展运动、体前屈运动、抱膝运动、旋转运动、捶击双臂、拍打双腿运动、合脚掌压膝等 活动性练习：长跑、仰卧起坐、登山、健身练习、站立起踵、含胸拔背行走、后退行走等
综合操作类	机械操作、物流、建筑、装修类工作	无固定身体姿势，动作变化快	需具有良好的心肺功能，同时对身体各部位的协调性和灵活性要求较高； 长时间工作使身体承受一定的静力负荷，肌肉一直处于紧张性收缩，容易僵硬	定位运动：上肢肌肉力量练习、下肢肌肉力量练习、平衡能力练习、注意力练习等 活动性练习：野外拓展、定向越野等

表 4-2　按职业种类进行分类的职业体能训练内容

职业种类	体能的特殊需求	体能训练的主要手段
地质类	克服高山缺氧，培养无氧耐力，掌握野外生存基本知识和技能	登山、远足、定向越野、拓展训练等
医学类	掌握体育运动的一般医务、救护知识	对别人进行医务指导和监督，进行运动按摩训练、运动损伤与急救训练等
河运、水文、海洋类	要求发展无氧耐力与体力	竞技游泳、实用游泳、水上救生和求生训练等
建筑工程类	要求发展感觉能力与平衡能力	竞技体操、技巧运动等
法律类	要求发展爆发力、抗挫能力、快速反应能力等	散打、拳击运动、小球类运动等
金融类	要求具有良好的形体礼仪，发展抗挫能力、快速反应能力、防卫能力等	形体训练、防身术、拳击、散打、太极拳、瑜伽等
林业类	要求发展定向能力、耐力等	远足、登山、定向运动、拓展训练等

（续表）

职业种类	体能的特殊需求	体能训练的主要手段
乘务类	要求具有交际能力，发展平衡能力、快速反应能力、空中逃生能力等	形体训练、体操运动、技巧运动、拓展训练等
物业社区管理类	要求具有交际能力，发展腰背力量、抗挫能力、意志力等	形体训练、登山、仰卧起坐、小球类运动等
保险、营销类	要求具有交际能力和表达能力，发展耐力、快速反应能力等	形体训练、各种跑跳练习、跳绳、远足、登山、各种小球类运动等
车工、铣工、切削工、钻工等	要求发展肩带肌、躯干肌和脚掌肌力量，发展平衡能力，培养一般耐力、注意力、下肢静力性耐力、上肢动作的协调性和准确性	跑、跳、投训练，利用体操棒、体操环、哑铃等进行练习，爬绳训练，装配和摆放物件训练，篮球训练，手球训练等
无线电安装员、装配工、绘图员、缝纫工、钟表工等	要求发展一般耐力、手指协调性、动作的准确性、触觉的敏感性、注意力的专注、快速反应能力	1 000 m 跑、跳绳、体操凳练习、俯卧体后屈、篮球运球、排球运动、乒乓球运动、手球运动等
吊车司机、拖拉机手、汽车司机、建筑和农业机械驾驶员等	要求发展一般耐力、快速反应能力、上肢和下肢的协调性、上肢和肩带肌肉的静力性耐力	利用体操棒、实心球、哑铃等进行练习，篮球加速运球、听信号急停、左右手同时运球训练，听信号蹲踞式、站立式起跑训练等
木工、瓦工、粉刷工、油漆工、采石工等	要求发展肩带和下肢肌肉的静力性耐力、上半身的稳定性和灵敏性，以及在高空和特定地点爬楼梯、爬绳、爬竿和跳跃中保持平衡的能力	攀爬梯子练习、肋木练习、爬绳练习、沿窄木行走、负重练习、对抗练习、跳跃练习等
生产装配工等	要求发展动作的快速性、准确性、灵敏性和协调性	30 m 跑、跳远、支撑跳跃、篮球运动、排球运动、足球运动、滑雪等
安装工、调整工、修理工等	要求发展手指动作的准确性和灵巧性，上肢、肩带和躯干的力量，以及平衡能力和一般耐力	利用哑铃、实心球、体操凳和肋木等进行练习，练习举重和搬运重物，练习投掷小球、推铅球等
采矿工等	要求发展肩带肌、背肌力量，平衡能力和一般耐力，以及身体的灵敏性和柔韧性	利用哑铃、实心球和体操棒等进行练习，练习攀爬、跳远、摔跤等
控制台操作员、畜牧业工人、农艺师和其他农业工人等	要求发展动作的快速性、准确性和协调性，培养在紧张的情况下完成动作的能力	利用体操凳和肋木等进行练习，练习接力跑，进行篮球训练、排球训练、乒乓球训练等

表 4-3　按职业体能要求进行分类的职业体能训练内容

体能需求	训练手段	活动方式与作用
要求塑形健美，发展腰背肌力量，发展颈部肌力量	健身运动 健美运动	根据职业对体能的要求利用一定的器械设备进行身体锻炼或训练，以发展身体腰背肌肉力量和颈部肌肉力量等。例如，进行短跑、平衡操、健美操、仰卧起坐、引体向上训练等
要求提高手指的灵巧性，发展上肢和躯干的力量	综合运动	利用哑铃、实心球、体操凳和肋木等进行练习，练习搬运重物、投掷小球、推铅球，进行网球训练、篮球训练等，以发展手指动作的准确性，发展上肢和躯干的力量

（续表）

体能需求	训练手段	活动方式与作用
要求提高反应速度、动作速度、防卫能力	跆拳道 防身术 安全教育	进行散打训练、跆拳道训练、擒拿格斗训练等，培养防卫能力
要求发展体能	有氧运动 球类项目	进行游泳训练、慢跑训练和骑自行车训练等，以提升肺活量，发展体能；进行篮球训练、足球训练等，在充分发展体能的同时，培养团结协作精神。要求每周至少运动 3 次，每次至少运动 20～30 min
要求视力好	运动按摩	做眼睛保护操，缓解眼部疲劳
要求培养工作耐力	慢跑、 跳绳、 跳健身舞	每天跳绳 10 min、慢跑 30 min 或跳健身舞 20 min，以增强人体心血管、呼吸和神经系统的功能，培养耐力

健体铸魂

树立体育“三观”

几十年来，体育不断被赋予新的内涵，正前所未有地融入每个人的生活。同时，每个人都迫切需要树立起正确的体育“三观”，让体育成为促进个人发展的原动力。

树立体育“三观”，最重要的在于真正理解体育的意义。在体育面前，要收起功利心。因为，体育是一场伴随人一生的“超级马拉松”，只有真正明白体育和身心健康的关联，感受体育的巨大精神力量，才不会把体育成绩看得比掌握一门体育技能更重要，也不会只考虑一次体育锻炼能获得多少回报的问题。

树立体育“三观”，需要每个人身体力行。随着社会的发展，“要想有个好身体就必须加强体育锻炼”的观念渐渐为更多人所接受。但客观来看，目前我国有一部分人仍处于“知易行难”阶段，未养成良好的锻炼习惯。

树立体育“三观”，当然还需要讲究科学。能不能始终坚持科学健身的理念，对体育锻炼这班“列车”能否抵达健康终点至关重要。这就要求广大人民群众结合自身情况找到更科学、更合适的健身理念和方法。

第五章　不同职业体能训练

知识目标

- ○ 掌握坐姿类职业体能的训练方法和相关职业性疾病的产生及预防措施。
- ○ 掌握站姿类职业体能的训练方法和相关职业性疾病的产生及预防措施。
- ○ 掌握综合操作类职业体能的训练方法和相关职业性疾病的产生及预防措施

素质目标

- ○ 通过学习职业性疾病的产生及预防的相关知识，增强忧患意识，做到“居安思危、未雨绸缪”，积极加强锻炼，做到防患于未然。
- ○ 培养奉献精神，心中常怀正义感，在他人需要帮助时及时伸出援手，传承和弘扬中华传统美德。

第一节　坐姿类职业体能训练

一、坐姿类职业介绍

现代社会分工精细，不同的分工会产生不同的岗位。有些岗位的工作人员工作时以坐姿为主要姿势，我们称之为坐姿类职业。例如，财务工作人员、文秘及大部分办公室白领大都以脑力劳动为主，以伏案为主要工作方式。有关调查表明，该类工作人员每天久坐的时间可达 6～7 h 以上。坐位姿势是一种静态姿势，静态姿势下完成单一工作极易引起疲劳，同时久坐也容易引起机体许多功能和结构的改变，进而导致相关职业病。

二、坐姿类职业生理和心理负荷

（一）坐姿类职业生理负荷

坐姿不端正时，通常会头部前俯或后仰，背部弓起并向前微倾，这都会使颈部肌肉压力增大、背部肌肉疲劳，还会使胸廓变形，影响肺的通气功能。

长期久坐还会导致血液流向下肢受阻，血液循环减慢，容易引发痔疮，也为心肌梗死、高血压、冠心病等心血管疾病埋下了隐患。同时长时间对着电脑工作，眼睛会特别容易干涩，还会导致视力下降、身心疲劳。

一般来说，坐姿工作 2 h 以上即会产生疲劳感，所以专家建议，工作 1 h 后应站起来走动 5 min。

（二）坐姿类职业心理负荷

坐姿劳动的工作类型有很多，不同类型工作人员的心理负荷的大小相差甚远。例如，财务工作人员、司机等在工作时通常精神高度集中、紧张，心理负荷极大，而长期进行紧张的脑力劳动以及精神负担过重会导致神经衰弱症和其他一些心血管疾病。也有一些坐姿工作人员的心理负荷并不大，所以必须从具体的工作类型来分析心理负荷。

三、坐姿类职业体能训练方法

（一）静态牵拉椅子操

预备姿势：坐于椅子上，上身保持端正，两腿并拢，两手平放于腿上。

静态牵拉椅子操：第一节至第二节

1．第一节：头颈静拉

分解动作如下。

第 1×8 拍：1～4 拍，前伸下颌至最大幅度，固定姿势；5～8 拍，还原，放松。

第 2×8 拍：1～4 拍，上抬下颌至最大幅度，固定姿势；5～8 拍，还原，放松。

第 3×8 拍：1～4 拍，头颈左转至最大幅度，固定姿势；5～8 拍，还原，放松。

第 4×8 拍：同第 3×8 拍动作，方向相反。

2．第二节：耸肩

分解动作如下。

第 1×8 拍：1～4 拍，双手叉腰，向前耸肩至最大幅度，固定姿势；5～8 拍，还原，放松。

第 2×8 拍：同第 1×8 拍动作，方向相反。

第 3×8 拍：1～4 拍，右肩保持不动，左肩上耸至最大幅度，固定姿势；5～8 拍，还原，放松。

第 4×8 拍：同第 3×8 拍动作，方向相反。

3．第三节：坐姿卷展腹

分解动作如下。

第 1×8 拍：1～4 拍，坐于椅子前沿，两臂交叉于胸前，双手扶异侧上臂，双肘抬起，保持上身挺直，身体前倾至感觉腹部收紧，固定姿势；5～8 拍，还原，放松。

静态牵拉椅子操：第三节至第四节

第 2×8 拍：1～4 拍，坐于椅子前沿，两臂向前平举，保持上身挺直，身体向后靠近椅背，固定姿势；5～8 拍，还原，放松。

第 3×8 拍：同第 1×8 拍动作。

第 4×8 拍：同第 2×8 拍动作。

4．第四节：坐姿转腹

分解动作如下。

第 1×8 拍：1～4 拍，上身左转至最大幅度，同时左臂握住左椅腿，右臂握住左手腕，固定姿势；5～8 拍，还原，放松。

第 2×8 拍：1～4 拍，上身右转至最大幅度，同时右臂握住右椅腿，左臂握住右手腕，固定姿势；5～8 拍，还原，放松。

第 3×8 拍：同第 1×8 拍动作。

第 4×8 拍：同第 2×8 拍动作。

5．第五节：坐姿臂上举

分解动作如下。

第 1×8 拍：1～4 拍，两手握拳，两臂屈肘侧平举，固定姿势；5～8 拍，两手握拳，两臂上伸至贴近耳朵，固定姿势。

第 2×8 拍：1～4 拍，两手十指交叉，翻腕，抬头看手，固定姿势；5～8 拍，翻腕，掌心向下，同时两臂屈肘侧平举，两小指抵至头后颈，固定姿势。

第 3×8 拍：同第 1×8 拍动作。

第 4×8 拍：同第 2×8 拍动作。

静态牵拉椅子操：第五节至第六节

6．第六节：斜式俯卧撑

分解动作如下。

第 1×8 拍：1～4 拍，两手放在椅子前沿，两腿前伸，臀部前移离开椅子，两臂伸直支撑，固定姿势；5～8 拍，臀部下移，两臂屈肘支撑，固定姿势。

第 2×8 拍：1～2 拍，臀部上移，两臂伸直支撑；3～4 拍，臀部下移，两臂屈肘支撑。5～6 拍同 1～2 拍动作；7～8 拍同 3～4 拍动作。

第 3×8 拍：同第 1×8 拍动作。

第 4×8 拍：同第 2×8 拍动作。

7．第七节：提踵深蹲

分解动作如下。

静态牵拉椅子操：第七节至第八节

第 1×8 拍：1～4 拍，站立姿势，两脚跟向上提起，同时两臂侧平举，掌心向下，固定姿势；5～8 拍，还原，放松。

第 2×8 拍：1～4 拍，屈腿深蹲，上身保持挺直，同时两臂前平举，掌心向下，固定姿势；5～8 拍，还原，放松。

第 3×8 拍：同第 1×8 拍动作。

第 4×8 拍：同第 2×8 拍动作。

8．第八节：斜式俯卧撑

分解动作如下。

第1×8拍：1～4拍，两手扶椅背，斜式站立，屈臂，身体下移，使肩、肘保持在同一平面，固定姿势；5～8拍，两臂伸直支撑，腰、背、下肢挺直，固定姿势。

第2×8拍：1～4拍，保持俯撑姿势，右脚跟向上提起，前脚掌支撑，同时左腿曲膝向上提起，固定姿势；5～8拍同第1×8拍的5～8拍动作。

第3×8拍：同第1×8拍动作。

第4×8拍：同第2×8拍动作，方向相反。

（二）动态牵拉椅子操

预备姿势：坐于椅子上，上身保持端正，两腿并拢，两手平放于腿上。

1．第一节：头部屈、转、绕

分解动作如下。

第1×8拍：1～2拍，头部前屈，同时两臂环抱头颈部，两手颈后十指交叉；3～4拍，两手扶肩，同时头部后仰；5～8拍，两手扶肩，同时头部经后、左、前、右绕环一周后还原。

第2×8拍：1～2拍，左臂侧平举，掌心向下，同时头部左转，右手摸左耳；3～4拍，还原，放松；5～6拍，右臂侧平举，掌心向下，同时头部右转，左手摸右耳；7～8拍，还原，放松。

动态牵拉椅子操：第一节至第二节

第3×8拍：同第1×8拍动作，5～8拍动作方向相反。

第4×8拍：同第2×8拍动作，方向相反。

2．第二节：肩部绕、提、沉

分解动作如下。

第1×8拍：1～4拍，两手叉腰，两肩经后向前绕环一周；5～8拍，双手叉腰，两肩经前向后绕环一周。

第2×8拍：1拍，两肩上提；2拍，还原；3拍同1拍动作；4拍，还原；5拍，左肩上提；6拍，右肩上提；7拍同5拍动作；8拍，还原。

第3×8拍：1～4拍，右肩上提，上体左侧屈，低头看肘；5～8拍，还原，放松。

第4×8拍：同第3×8拍动作，方向相反。

动态牵拉椅子操：第三节至第四节

3．第三节：腕部推、勾、翻

分解动作如下。

第1×8拍：1～2拍，两臂侧平举推掌，五指并拢；3～4拍，两臂上举合掌；5～6拍，两臂侧平举勾掌，五指并拢；7～8拍同3～4拍动作。

第2×8拍：1～2拍，两臂前平举，两手反向十指交叉；3～4拍，翻腕向内旋转至胸前上举；5～6拍同1～2拍动作；7～8拍，翻腕向内旋转至胸前平举。

第 3×8 拍：同第 1×8 拍动作。

第 4×8 拍：同第 2×8 拍动作。

4．第四节：胸部转、扩、展

分解动作如下。

第 1×8 拍：1～4 拍，十指交叉，两臂左下振臂 4 次；5～8 拍，十指交叉，两臂右下振臂 3 次后还原。

第 2×8 拍：1～4 拍，两手握拳，拳心向下，屈臂扩胸 4 次；5～8 拍，拳心向上，直臂扩胸 3 次后还原。

第 3×8 拍：1～4 拍，抬头挺胸，同时两臂斜上举 45°，振臂 4 次；5～8 拍，还原，放松。

第 4×8 拍：同第 3×8 拍动作。

5．第五节：腰部拉、立、转

分解动作如下。

第 1×8 拍：1～2 拍，上体贴于大腿，同时两手抓握椅子前腿；3～4 拍，还原；5～6 拍，两腿前伸，两手摸脚尖；7～8 拍，还原。

第 2×8 拍：1～2 拍，两手拉椅背，上体前倾；3～4 拍，两手撑椅子后沿，挺胸立腰；5～6 拍同 1～2 拍动作；7～8 拍同 3～4 拍动作。

第 3×8 拍：1～4 拍，上体左转 90°，右手叉腰，两腿成弓步，下压 3 次；5～8 拍，还原。

第 4×8 拍：同第 3×8 拍动作，方向相反。

动态牵拉椅子操：第五节至第六节

6．第六节：腹部团、挺、撑

分解动作如下。

第 1×8 拍：1～2 拍，曲膝、收腹、举腿，两手抱膝团身；3～4 拍，两腿前伸前点，两手撑椅子后沿；5～6 拍，挺胯，身体伸直成仰撑；7～8 拍，还原。

第 2×8 拍：同第 1×8 拍动作。

第 3×8 拍：1～4 拍，两腿分开，向左转腰探肩，头部位于右膝上方，低头含胸；5～8 拍，还原。

第 4×8 拍：同第 3×8 拍动作，重复一次，方向相反。

动态牵拉椅子操：第七节至第八节

7．第七节：腿部抬、屈、伸

分解动作如下。

第 1×8 拍：1～2 拍，两手扶椅边，两脚后跟向上提起；3～4 拍，还原；5～6 拍同 1～2 拍动作；7～8 拍同 3～4 拍动作。

第 2×8 拍：1 拍，两腿微曲膝上抬；2 拍，左腿曲膝高抬；3 拍，右腿曲膝高抬；4 拍、6 拍同 2 拍动作，5 拍、7 拍同 3 拍动作；8 拍还原。

第 3×8 拍：1～4 拍，左腿支撑右盘腿，同时右手扶右脚踝绕环 3 次；5～8 拍，还原。

第 4×8 拍：同第 3×8 拍动作，方向相反。

8. 第八节：全身压、摆、按

分解动作如下。

第 1×8 拍：1～4 拍，面对椅背站立。上体前屈，同时两臂屈肘交叉于椅面上；5～8 拍还原。

第 2×8 拍：1～4 拍，两手扶椅面，上体前屈做俯卧撑两次；5～8 拍还原。

第 3×8 拍：1～2 拍，两手扶椅背，左腿向后摆动；3～4 拍还原；5～6 拍，两手扶椅背，右腿向后摆动；7～8 拍，还原。

第 4×8 拍：1～4 拍，抬头挺胸，同时两臂经体侧上举至头上，掌心相对；5～8 拍，屈肘按掌下压，还原成立正姿势。

四、相关职业性疾病的产生及预防

坐姿类职业的特点是需要久坐，以及使用手指、手腕等过于频繁。久坐很容易使头部、颈部、胸部、背部、腰部等部位产生静态疲劳，进而引发功能和组织结构病变；而使用手指、手腕等过于频繁也会产生动作疲劳，日积月累而导致劳损型病变。从健康角度出发，坐姿类职业从业者应该积极预防这些疾病的发生。相关职业性疾病的产生原因及预防措施如表 5-1 所示。

表 5-1 相关职业性疾病的产生原因及预防措施

疾病	症状	致病原因	保护与预防
颈椎病	头、颈、肩、手臂酸痛、麻木，脖子僵硬，活动受限	长时间低头工作或头颈固定某一姿势使颈椎长时间处于屈曲位或某个特定位置，造成椎间盘慢性劳损，椎体前缘产生磨损增生，进而导致颈椎病	（1）在工作中应经常间歇性地做几次抬头动作或转颈动作； （2）在工作间隙要加强头颈部活动。例如，可做头部侧屈或旋转动作，每种动作要做 4 个八拍； （3）在业余活动中，应加强颈肩部肌肉力量和柔韧性练习，比如做头手倒立
肩周炎	肩部疼痛，肩关节活动受限，严重时关节功能也可能受影响；手臂后伸时不能完成屈肘动作，肩关节周围有明显的压痛点	长时间伏案工作造成肩部血液循环不畅，出现炎症或肩关节周围软组织劳损，最终导致肩周炎	（1）工作中应间歇性地做几次耸肩、转肩动作或背伸动作，改善局部血液循环，伸展肩部肌肉韧带； （2）工作间隙应做一些前旋、后旋抡臂动作，每个动作不少于 20 次。还可以做一些拉伸肩关节的动作，比如压肩、拉臂等； （3）业余时间可进行肩关节力量练习，如引体向上、俯卧撑等；再做一些伸展性、柔韧性练习，如单杠掏腿吊肩、单杠吊臂伸展

（续表）

疾病	症状	致病原因	保护与预防
腕管综合征	食指、中指疼痛、麻木和拇指无力，手指、手掌僵硬，手腕疼痛	频繁移动鼠标和重复在键盘上打字导致手腕关节使用过于频繁，造成腕关节酸痛	（1）工作时要保持正确的、端正的姿势，适当放松手、臂； （2）工作间隙可以进行手腕、手臂和肩部的拉伸练习及柔韧性练习，做一些放松活动； （3）业余时间可进行手指、手腕、手臂和肩部的力量性练习和柔韧性练习，比如握力器练习、腕力器练习、做手指操等
视疲劳综合征	眼睛干涩、酸胀、疼痛、有异物感、畏光、流泪，视力模糊、重影、眼部充血等	长时间注视电子屏幕导致眼睛干涩，同时由于视物焦距长时间保持一种状态使晶状体调节肌过度疲劳，使眼部生理功能下降，进而导致视疲劳综合征	（1）工作时要保持眼睛距显示器 70 cm，显示器应略低于双眼视线； （2）注视电子屏幕半小时应适当望望远处、转动眼球、眨眨眼睛； （3）在工作间隙应做眼保健操练习，之后可以闭目养神，休息放松一下

第二节　站姿类职业体能训练

一、站姿类职业介绍

现代社会分工精细，大部分工作的体位改变很少。我们把工作时以站姿为主要姿势的职业称为站姿类职业。例如，教师、迎宾小姐、前厅接待、餐厅服务员、售货员、厨师、模特等岗位的工作人员通常需要在工作期间长时间站立。站立姿势可以分为立正式站立（如解放军站岗）和任意式站立（如超市的收银员）。立正式站立是一种强度极大的静力性站姿。而任意式站立，因在一定程度上可以活动身体某些部位，并有机会在较小范围内做一些移动性活动，所以相对于立正式站立而言，其静力负荷的强度较小。

二、站姿类职业生理和心理负荷

（一）站姿类职业的生理负荷

自然站立时，躯干部位的重量经过腰椎向下传导，需要腰部肌肉力量予以支撑，才能维持腰椎的正常生理前凸。久站会加重腰部肌肉的负荷，使腰椎承受很大的压力负荷，造成腰背痛，还会使下肢血液循环不畅，导致下肢肿胀甚至静脉曲张。

此外，站立时，大腿、小腿、腰背部、臀部的肌肉处于等张收缩状态，长时间站立会使肌肉紧张，血液回流受阻，血液循环减慢，容易导致腰背部和下肢疲劳、脚背浮肿、脑部供血不足等。

（二）站姿类职业的心理负荷

站姿类职业多为服务类职业，这类职业要求从业者的服务敏感性要强，工作要细致严密，要有较强的自我控制能力、排除干扰的能力、应变能力和应急能力。在这种要求下，这类职业的从业者容易产生职业倦怠。

三、站姿类职业体能训练方法

（一）力量练习

1. 上半身力量练习：分腿俯卧撑

分解动作如下：身体俯卧，双臂伸直撑于地面，双手比肩略宽，双脚距离不大于双手距离。下落时吸气，身体绷成一线，不能塌腰。推起时呼气，上臂内夹，胸部收紧。

上半身力量练习和下半身力量练习

2. 下半身力量练习：提膝击掌，增强

分解动作如下：跨步站立，双臂上举贴于耳侧，掌心向前，重心位于右脚，上半身与右腿成一条直线，借助腹肌力量提膝击掌。

（二）耐力练习

上半身耐力练习

1. 上半身耐力练习：俯卧静力撑

分解动作如下：身体俯卧，双臂伸直撑于地面，双掌间距大于肩宽，可在维持动作时改变成屈臂或直臂。时间越长，效果越好。

2. 上半身耐力练习：仰卧静力卷腹

分解动作如下：身体仰卧，坐于地面，腿部与地面成 45°，卷腹并绷紧腹部，维持身体姿势，时间越长，效果越好。

3. 下半身耐力练习：跪姿抬腿划圈

分解动作如下：身体成单腿跪姿，双掌撑起上半身，背部挺直，除左腿外全身固定。左腿绷直抬起划圈，主要借助胯部力量。

下半身耐力练习

4. 下半身耐力练习：原地静蹲提踵练习

分解动作如下：身体由站立变为静蹲姿态，上半身与大腿成 90°，大腿与小腿成 45°，小腿提踵绷紧。维持时间越长，效果越好。

（三）柔韧练习

1. 上半身柔韧练习：眼镜蛇式伸展

分解动作如下：身体俯卧，双手撑起上半身，双肩向后展开，保持身体放松；保持姿势时，将肋骨腔向前、向上推送，以加强脊柱的伸展；肚脐应尽量贴地，以加强下背部的

上半身柔韧练习

伸展。维持时间越长，效果越好。

2. 上半身柔韧练习：猫式伸展

分解动作如下：身体成俯卧跪姿，手臂伸直贴于地面，头、胸部成一线，与地面平行，腹部悬空，臀部尽量向后，拉伸背部。维持时间越长，效果越好。

3. 下半身柔韧练习：腿部侧拉伸

下半身柔韧练习

分解动作如下：以右腿拉伸为例，左脚掌着地，右膝单腿跪于地面，身体重心落于右手，尽量拉大右膝与左脚的距离，上半身左转，目视斜上方。左腿拉伸动作与右腿拉伸动作相同，方向相反。

4. 下半身柔韧练习：小腿竖叉动态拉伸

分解动作如下：右腿在前伸直，脚尖勾起，腹部贴紧大腿，左腿以最大幅度向后伸展，膝盖跪地，双手支撑地面，减轻大腿后侧压力，边呼气边伸直膝盖，吸气还原。拉伸另一侧的动作与上述动作相同，方向相反。

上半身放松练习

（四）放松练习

1. 上半身放松练习：下压练习及拍打

分解动作如下：① 上半身下压练习。面向一定高度的辅助物体站立，双腿开立，双手抓握辅助物体，上半身前俯下压肩部和背部。在练习中要求手臂和腿部伸直，下压幅度逐渐加大，压力集中于肩部。② 拍打放松。在上半身下压练习结束后，身体站直放松，双手由上至下拍打身体，达到放松效果。

2. 下半身放松练习：摆腿练习

分解动作如下：上身直立并双手扶握辅助物体，左腿（右腿）支撑地面，右腿（左腿）伸直并摆于体前，腿部摆动幅度逐渐增大，以达到放松目的。换腿做一遍，动作相同，方向相反。

3. 下半身放松练习：前后踢腿练习

下半身放松练习

分解动作如下：上身直立并双手扶握辅助物体，左腿（右腿）支撑地面，右腿（左腿）曲膝前伸于胸前，踢腿至身体后方，并尽量蹬直，前后踢腿过程中，幅度逐渐加大，以达到放松目的。换腿做一遍，动作相同，方向相反。

四、相关职业性疾病的产生及预防

站姿类职业是在下肢持续负重的情况下工作，所以从业者一定要注意下肢锻炼，预防职业性相关疾病发生。相关职业性疾病的产生原因及预防措施如表 5-2 所示。

表 5-2　相关职业性疾病的产生原因及预防措施

疾病	症状	致病原因	保护与预防
静脉曲张	下肢静脉发生异常的扩大肿胀和隆起；皮肤冒出红色或蓝色蜘蛛网、蚯蚓状扭曲的血管或像树瘤般的硬块结节	长时间以固定姿势站立，血液汇集于下肢，导致静脉瓣膜损伤、脉压过高，造成静脉曲张	（1）在工作时不要总是两条腿一起支撑全身重量，可有所侧重，让两条腿轮换支撑和休息； （2）工作间隙可做一些收腿、蹬伸动作，下蹲练习和腿部按摩； （3）业余时间可进行增强下肢耐力的活动，如慢跑、游泳、自行车运动等； （4）晚上睡觉前养成用热水洗脚的习惯，还可以在睡觉时垫高下肢，促进血液回流
下背疼	下背、腰骶和臀部疼痛	长久站立使腰部肌肉疲劳和收缩力下降，导致支持脊柱的肌肉功能性退化，久之造成肌肉僵硬、疲劳，导致下背疼痛	（1）在工作中要注意保持正确的姿势，站立时应尽量使头部、颈部、胸椎及腰椎保持端正不要弓背，也不要腹部过度前挺。腰部疲劳时要起身做一些伸展运动，使肌肉放松一下，再继续工作； （2）工作间隙可以进行腰部放松练习，做一些腰绕环和转髋动作、体转动作，还可以做一些体前屈和后仰练习，缓解肌肉持续一种的工作状态； （3）业余时间可以进行小强度的腰部力量练习，如练习转腰、体前屈等，还可以练习太极拳和游泳，以增加腰部肌肉力量和肌肉弹性
膝关节疼痛	早晨起床或久坐之后站立时，感到膝关节僵直、关节酸痛	长时间在站立、行走、半蹲或半跪状态下工作造成慢性膝关节劳损、肌腱韧带损伤	（1）工作时不要久站或久蹲，应适时改变一下体位，放松关节和肌肉； （2）工作间隙要做一些关节活动，如弹踢小腿、向后收踢小腿、膝关节绕环等，还可以用手按摩关节和肌肉，促进血液循环； （3）业余时间可以做一些针对性力量练习和耐力练习，如慢跑、骑自行车等
脊柱畸形	晨起后，后腰、背部有僵硬感，呼吸困难，髋部疼痛；双侧髋关节压痛及活动受限，脊柱有非正常曲度	长期保持错误的身体姿势导致脊柱畸形。例如，弓背侧屈会使脊柱侧凸或后凸，造成椎间盘受力不均，使脊柱产生同侧退让性结构变化	（1）日常工作和生活中尽量保持端正的身体姿势； （2）在工作间隙可做体侧运动、体转运动、体前屈和后仰动作； （3）业余时间应加强腰腹力量练习，如仰卧起坐、俯卧两头起、仰卧举腿练习等，另外还要加强上体柔韧性练习，如下腰、体前屈等

第三节　综合操作类职业体能训练

一、综合操作类职业介绍

综合操作类职业工种繁多，主要有以体力为主的职业和以灵巧为主的职业。前者主要包括机械操作人员、物流人员、建筑工人、工程设备安装人员等；后者主要包括各类修理工、电工等。综合操作类职业的从业者工作时没有固定的姿势，他们有时站着，有时坐着，有时蹲着，有时趴着，有时跪着。其劳动特点是既有体力劳动又有脑力劳动。

随着现代化、机械化的推进，综合操作类岗位体力劳动的成分逐渐减少，而脑力劳动的成分相应增加。

二、综合操作类职业生理和心理负荷

综合操作类职业工作姿势的变化没有一定规律，有些工种（如园艺工）姿势变化频率快，肌肉能交替休息，不易疲劳，而有些工种（如生产装配工）工作人员需要承受一定的静力负荷，肌肉常处于紧张性收缩状态，很容易造成肌肉紧张、僵硬。综合操作类职业繁多，因此要针对不同的工种进行区别分析。

三、综合操作类职业体能训练方法

（一）力量素质练习

力量素质是指人体或身体部分肌肉在工作时能够克服阻力的能力。肌肉在工作时需要克服的阻力包括外部阻力和内部阻力。外部阻力包括物体重量、摩擦力以及空气的阻力等；内部阻力包括肌肉的黏滞性、各肌肉间的对抗力等。

1. 发展肩背、上肢肌群力量

发展肩背肌群力量：练习 1 至练习 3

练习 1：夹肘哑铃开合平举。

分解动作如下：双手拿起哑铃，弯举至 90°位置，肘关节始终锁死，以肩关节为轴向外旋转，整个过程肘关节尽量靠近身体。练习时间为 1 min。

练习 2：身体前倾下拉。

分解动作如下：身体自然前倾 45°，肩关节上举至头部上方。两肘向后打开，收缩肩关节，使上肢呈“W”状，停顿 1 s 左右再重复动作。练习时间为 1 min。

练习 3：俯撑迈腿转肩。

分解动作如下：先保持俯卧撑的起始姿势，迈出一条腿成弓步，同侧手臂在空中缓慢画圆；回到俯卧撑姿势，再进行另一侧的拉伸。练习时间为 1 min。

发展上肢肌群力量：练习 4 至练习 7

练习 4：哑铃交替弯举。

分解动作如下：两腿分立，与肩同宽，保持腰背直立，肩关节锁死，以肘关节为轴心做弯举，上升和下落过程要平缓，两臂交替进行。一组 20 个，做 3 组。

练习 5：双手哑铃锤式弯举。

分解动作如下：两腿分立，与肩同宽，腰背挺直，肩关节锁死，以肘关节为轴心做锤式弯举，上升和下落过程要平缓。注意腰背收紧，不要弯腰驼背。一组 20 个，做 3 组。

练习 6：肩部排举。

分解动作如下：将重物放入袋子中，双脚与肩同宽，双手持重物向上提至下颌，前臂保持水平，肩部位置不变。一组 20 个，做 3 组。

练习 7：坐姿（蹲姿）哑铃单边支撑弯举。

分解动作如下：保持良好坐姿，腰腹挺直，身体略微前倾，单臂放于大腿内侧，做单臂弯举，练习时保持肩部锁死，双脚不要抬离地面。一组 20 个，做 3 组。

练习 8：三头肌弯举。

分解动作如下：两腿分立，双手持哑铃上举，以肘关节为轴心做弯举，前臂上升和下落的过程要平缓，一组 20 个，做 3 组。

发展上肢肌群力量：练习 8 至练习 10

练习 9：夹肘俯卧撑。

分解动作如下：身体俯撑，双手与肩同宽，手臂加紧，身体屈肘下落，两肘始终贴近肋侧，之后手臂发力，将身体抬离地面。一组 20 个，做 3 组。

练习 10：夹肘前穿俯卧撑。

分解动作如下：身体夹肘俯撑，后推手臂，使身体形成三角，然后将手臂弯曲成“L”形，将身体前推至平行于地面，再将前臂贴紧地面，手臂发力回到起始位置。一组 20 个，做 3 组。

2．发展腹、背肌群力量

发展腹、背肌群力量的联系方法包括：① 徒手或利用器械做仰卧起坐；② 利用各种器械做收腹举腿；③ 提拉重物；④ 传接球练习，两人背靠背分腿站立，其中一人手拿实心球，两人同时向一个方向转体，将球传给另一个人，轮换做；⑤ 屈伸练习，肩负杠铃分腿站立做屈伸练习；⑥ 俯卧挺身练习，俯卧于垫上，两手相握放于背后，头部和上体后仰；⑦ 负重转体，肩负杠铃分腿站立，身体向左、向右旋转。

3．发展下肢肌群力量

发展下肢肌群力量：练习 1 至练习 3

练习 1：站姿侧蹬跑。

分解动作如下：双脚开立与肩同宽，脚尖指向前方，微微下蹲，双手肘关节曲 90°于身体两侧；支撑腿用力向一侧蹬出，重心侧移，摆动腿脚尖落地缓冲。练习时间为 1 min。

练习 2：分腿团身跳。

分解动作如下：双脚开立与肩同宽，脚尖指向前方，微微下蹲，然后快速用力向上跳起，跳起同时双腿向胸部收起，之后落地缓冲。练习时间为 1 min。

练习 3：俯撑吸腿。

分解动作如下：身体成俯撑姿势向前吸左腿，大腿面尽量贴近腹部，脚尖绷直，还原左腿，继续吸右腿重复。练习时间为 1 min。

4. 发展全身肌群力量

哑铃操：
第一节至第二节

可以练习哑铃操来发展全身肌群力量，具体步骤如下。

第一节：哑铃弓步上举。分解动作如下。

第 1×8 拍：1～2 拍，左腿向前迈出，成弓步，同时两臂前平举，拳心相对；3～4 拍，左臂侧平举，拳心向前，右臂胸前平屈，拳心向后，头左转 90°；5～6 拍，两臂经体侧上举，拳心相对，抬头向上看；7～8 拍，收手收脚，还原成立正姿势。

第 2×8 拍：同第 1×8 拍动作，方向相反。

第 3×8 拍：同第 1×8 拍动作。

第 4×8 拍：同第 2×8 拍动作。

第二节：哑铃提拉上举。分解动作如下。

第 1×8 拍：1～2 拍，左脚向左一步，与肩同宽，同时两大臂侧提至水平，拳心向后；3～4 拍，以肘关节为轴心上举前臂，拳心向前；5～6 拍，两手上举，拳心相对；7～8 拍，收手收脚，还原成立正姿势。

第 2×8 拍：同第 1×8 拍动作，方向相反。

第 3×8 拍：同第 1×8 拍动作。

第 4×8 拍：同第 2×8 拍动作。

哑铃操：
第三节至第四节

第三节：哑铃排拉侧举。分解动作如下。

第 1×8 拍：1～4 拍，向左并步两次，同时双手胸前屈肘两次，拳心向下；5～6 拍，左脚向后迈出成弓步，同时两臂侧平举，拳心向下；7～8 拍，收手收脚，还原成立正姿势。

第 2×8 拍：同第 1×8 拍动作，方向相反。

第 3×8 拍：同第 1×8 拍动作。

第 4×8 拍：同第 2×8 拍动作。

第四节：哑铃屈臂绕环。分解动作如下。

第 1×8 拍：1 拍，左脚向前迈出，同时两臂弯举，拳心相对；2 拍，左脚收回，同时两手放下；3～4 拍同 1～2 拍动作；5～8 拍，右臂于体侧画圆，并回到立正姿势。

第 2×8 拍：同第 1×8 拍动作，方向相反。

第 3×8 拍：同第 1×8 拍动作。

第 4×8 拍：同第 2×8 拍动作。

哑铃操：
第五节至第六节

第五节：哑铃平转。分解动作如下。

第 1×8 拍：1～2 拍，左脚向一侧迈出，与肩同宽，同时身体前屈，两臂自然下垂，拳心相对；3～4 拍，身体端正，两臂侧平举，拳心向下；5～6 拍，身体左转 90°，右手并左手成前平举；7～8 拍，收手收脚，还原成立正姿势。

第 2×8 拍：同第 1×8 拍动作，方向相反。

第 3×8 拍：同第 1×8 拍动作。

第 4×8 拍：同第 2×8 拍动作。

第六节：哑铃拉弓上举。分解动作如下。

第 1×8 拍：1～2 拍，左腿向一侧迈出，成弓步，同时左臂胸前平屈，拳心向后，右臂侧平举，拳心向前；3～4 拍，收左腿，成半蹲姿势，同时左手叉腰，右臂前屈，拳心向左；5～6 拍，两腿伸直，同时右手上举，拳心向左；7～8 拍，双手放下，还原成立正姿势。

第 2×8 拍：同第 1×8 拍动作，方向相反。

第 3×8 拍：同第 1×8 拍动作。

第 4×8 拍：同第 2×8 拍动作。

哑铃操：第七节至第八节

第七节：哑铃马步冲拳。分解动作如下。

第 1×8 拍：1～2 拍，左腿向一侧迈出，成马步，同时两臂前平举，拳心相对；3～4 拍，收左腿，还原成立正姿势，同时两拳收于腰间，拳心向上；5～8 拍，左脚侧点地两次，左手向右前方 45°直臂出拳，做两次，还原成立正姿势。

第 2×8 拍：同第 1×8 拍动作，方向相反。

第 3×8 拍：同第 1×8 拍动作。

第 4×8 拍：同第 2×8 拍动作。

第八节：哑铃曲臂冲拳。分解动作如下。

第 1×8 拍：1～2 拍，由左脚开始向前踏步，同时两臂前平举，拳心相对；3～4 拍，向前迈左脚并右脚，同时两臂屈肘，拳心相对；5～6 拍，两脚跟提起，同时双手向上直臂出拳，拳心相对；7～8 拍，两脚跟落下，还原成立正姿势。

第 2×8 拍：同第 1×8 拍动作，方向相反。

第 3×8 拍：同第 1×8 拍动作。

第 4×8 拍：同第 2×8 拍动作。

（二）速度素质练习

速度素质是指人体快速运动的能力。人体快速运动能力是力量、柔韧、协调、灵敏等素质综合协调发展的结果，同时也取决于中枢神经系统的灵活性和无氧代谢的水平。

1. 反应速度练习

反应速度练习包括：① 听口令，看信号起跑，如站立、蹲式、背向跳起落下后马上起跑；② 听哨音变速跑，快速冲跑 10～15 m；③ 听口令变向跑，在快速移动中听信号后突然变向冲跑 10 m；④ 听口令快速转身跑，反复几次；⑤ 听、看信号后突然做出相应的动作，如教练员喊 1，2，3，4 中某一个数字时，锻炼者应及时做出事先规定的相应动作。

2．动作速度练习

动作速度练习包括：① 按由快到慢、再由慢到快的节奏进行原地小跑练习和高抬腿跑练习；② 高步频跑楼梯台阶；③ 快速立卧撑；④ 高步频跨越障碍物（羽毛球），将10个羽毛球一字排开（两球间距离1.2～1.5 m）进行跨越障碍物跑步练习；⑤ 十字交叉跳；⑥ 交替单摇、双摇跳绳，两脚交替跳绳。

3．移动速度练习

移动速度练习包括：① 各种距离（30 m、50 m、60 m、100 m、200 m）的快速跑；② 10～15 m往返跑，要求快速转身；③ 越过障碍的速度练习，以最快速度越过设置的若干个障碍物；④ 前后跑，向前跑8 m，后退跑8 m；⑤ 四角跑，沿边长约6 m的正方形跑，要求在拐角处变换方向；⑥ 接力跑。

（三）耐力素质练习

耐力素质是指机体长时间进行肌肉活动并抵抗疲劳的能力。疲劳是锻炼的必然结果，没有疲劳就没有锻炼的效果，但疲劳又会影响机体长时间工作的能力。锻炼者克服疲劳的能力可以反映其耐力素质水平。

耐力素质练习包括：① 跑走交替；② 越野跑；③ 定时跑；④ 规定距离与速度跑；⑤ 平板支撑；⑥ 连续半蹲跑；⑦ 连续跑台阶；⑧ 原地间歇高抬腿跑；⑨ 长距离三级跳；⑩ 连续跳绳；⑪ 连续跳起投篮；⑫ 连续跨栏；⑬ 变速跑；⑭ 两人追逐跑。

（四）灵敏素质练习

灵敏素质是指人体在各种复杂、突变的情况下，快速、准确、协调、灵巧地完成动作的能力。

1．原地或走动中的练习

原地或走动中的练习包括：① 带有附加动作的抛球练习；② 带有附加动作的体操棒练习；③ 带有附加动作的其他器械练习；④ 带有附加动作的前进、后退练习。

2．在跑动中的练习

在跑动中的练习包括：① 在跑动中突然变向跑；② 在一定范围内躲闪跑；③ 各种方向的疾跑、急停；④ 10 m往返跑；⑤ 带有附加动作的前进、后退练习；⑥ 跳绳跑；⑦ 触球跑；⑧ 跑过摇动的长绳；⑨ 踢毽子。

3．在跳动中的练习

在跳动中的练习包括：① 左、右跳转；② 十字交叉跳；③ 跳起后各种方式转身；④ 屈腿俯撑蛙跳；⑤ 跳绳或跳皮筋。

4．在滚动中的练习

在滚动中的练习包括：① 分腿坐滚动；② 肘、膝撑向一侧滚动；③ 其他方式滚动。

（五）柔韧素质练习

柔韧素质是指人体完成大幅度动作的能力，即人体各个关节的活动幅度以及肌肉、肌腱、韧带等软组织的伸展能力。

柔韧素质练习包括：① 柔韧体操；② 各种拉长韧带的练习，如压肩、拉肩，向前、向一侧、向后压腿，快速向前、向一侧、向后踢腿；③ 各部关节的转动、屈伸练习，快速前后绕肩，原地左右快速转体，腹背屈伸，腰部大绕环；④ 利用器械做增加身体各关节活动范围的练习。

四、相关职业性疾病的产生及预防

（一）脊柱畸形的产生及预防

正常脊柱有几个前后方向的自然弯曲，没有侧向的弯曲。自然曲度过大过小，或出现不应有的弯曲，即为脊柱畸形。综合操作类职业从业者由于长期采用倾斜、弯曲的立位或进行负重行走作业容易使脊柱弯曲，以驼背最为多见，其次也易出现脊柱侧凸和脊柱关节变形等问题。

脊柱畸形的预防主要是练习矫正体操。其内容主要是做和畸形方向相反的躯干运动，以便有针对性地加强肌肉肌力，牵伸挛缩组织。矫正体操的准备姿势多为卧位或匍匐位。这些姿势可减轻脊柱的静力负荷，松解脊柱关节，便于脊柱活动。矫正体操的动作应严格根据畸形的部位及方向来选择，如脊柱后凸患者，应着重做挺胸及扩胸练习；脊柱前凸患者，应着重做增强腹肌和臀肌、牵伸腰骶部肌肉、韧带的活动；脊柱侧凸患者，应着重做节段性侧弯练习，使动作中形成的侧弯与畸形侧弯部位一致而方向相反。

（二）网球肘的产生及预防

肱骨外上髁炎又称“网球肘”，是肱骨外上髁部伸肌总腱处的慢性损伤性肌筋膜炎。网球肘发病慢，主要表现有检查时外上髁或腱止点及其附近有压痛感；肘屈曲、手握拳，然后前臂旋前同时伸肘，可出现锐痛。网球爱好者、厨师、砖瓦工、按摩医师等人员长期频繁使用肘部的人员易患此病。

预防网球肘首先应在平时的工作和生活中尽量避免过度使用肘部和腕部，时常按摩肘部，还可用热毛巾热敷。为防止前臂肌肉疲劳，在工作前应做好准备活动，工作后要及时放松。此外，应加强肩部、肘部、腕部和手指等部位的肌肉力量锻炼，主要是加强前臂伸肌力量的锻炼。例如，可以利用橡皮带做上肢牵伸练习，可以做俯卧撑练习、双臂屈伸练习、握球练习等。

（三）膝关节疼痛的产生及预防

膝关节是人体主要的负重关节之一。综合操作类职业很多从业者工作时常处于半蹲、半跪姿势状态，膝关节承受较重负荷，同时肌肉长时间处于紧张状态，在膝关节及其周围肌肉力量还不强的情况下，附着在髌骨上缘的一些筋或韧带容易受到损伤，而且容易造成软骨损伤、脂肪垫及关节损伤等。这些损伤都可能引起膝关节酸痛，当膝关节受寒、受潮时往往酸痛加剧。

膝关节疼痛的预防疗法包括以下几个方面。

（1）保持健康的体型，避免过度肥胖。

（2）增强肌肉训练，增强固定关节韧带的韧性。

（3）避免频繁爬楼梯、长时间走路和提重物，少做跪地、下蹲等动作。

（4）尽量穿着具有减震功能的鞋，少穿高跟鞋、硬底鞋，以减少关节所受压力。

（5）如有需要，可以佩戴护膝，以减轻和预防疼痛。

健体铸魂

传递“团结互助，友爱奔跑”的体育精神

2021 年 4 月 17 日，“2021 西安马拉松赛”开跑，西安市红会医院骨科医生雷某参加了全程赛。雷某跑至 21 千米处时，发现一位参赛者在比赛途中一瘸一拐，询问后得知该参赛者系腿部旧伤复发。于是，雷某立即停下来用康复手法为该参赛者治疗，帮助其缓解疼痛。之后，在 25 千米处和 31 千米处，雷某又帮助了两位受伤参赛者。到达终点后，还没来得及休息，雷某又看到一位受伤的参赛者，于是再次上前提供帮助。

雷某的行为在网络上引发热议，有网友调侃“别人出赛他出诊”，还有网友打趣“跑马拉松还顺便加个班”。雷某表示，他对自己受到关注感到很意外，参赛途中的这些小插曲不过是他作为一名骨科医生的本能行为。“虽然成绩比较靠后，但能帮到他人很值得。”雷某说，“受到运动损伤，我们应该及时处理，以免受到更大的损伤。在比赛中，我只是发挥了专业所长，让他人能更安全地完成比赛。”

为了表彰雷某友爱互助的行为，西安马拉松组委会授予他“2021 西安马拉松赛特别贡献奖”。这也是西安马拉松组委会 5 年来首次向参赛者颁发的奖项。

西安马拉松赛组委会的一位负责人表示，雷某通过自己的热心行为向社会各界传递了“团结互助，友爱奔跑”的体育精神，十分可贵。为了便于雷某再次参加西安马拉松，西安马拉松组委会也特别给予他“2022 西安马拉松赛”的直通资格。

运动技能篇

第六章　大球运动

知识目标

- ○ 掌握篮球运动的基本技术、基本战术和比赛规则。
- ○ 掌握排球运动的基本技术、基本战术和比赛规则。
- ○ 掌握足球运动的基本技术、基本战术和比赛规则。

素质目标

- ○ 培养团结协作、公平竞争、拼搏奋进的品质，增强集体荣誉感与归属感。
- ○ 学会尊重对手、尊重他人，学习他人的优点与长处，包容他人的缺点与不足，在竞争中不断成长。

第一节　篮球运动

一、篮球运动概述

篮球运动起源于美国，是以投篮为目标，以得分多少决胜负的体育项目，具有集体性、对抗性和时空性的特点。经常参加篮球运动不仅能使参与者在力量、速度、灵敏和弹跳等方面得到发展，而且可以培养其集体荣誉感、组织纪律性和顽强的意志品质。

二、基本技术

篮球技术是在篮球比赛中，队员为了攻守目的所运用的各种专门动作的总称，主要包括脚步移动、传接球、运球和投篮等。

（一）脚步移动

脚步移动是在篮球比赛中队员为了争取时间和空间上的主动优势所采用的各种脚步动作的总称，是学习篮球技术和使用机动灵活战术的基础。脚步移动主要包括起动、跑、急停、滑步和转身等。

1. 基本站立姿势

基本站立姿势是脚步移动的准备姿势，以便于各种技术动作的开始和运用。

动作要领：两脚前后或左右开立，与肩同宽，两膝微屈，重心落于两脚间，上体稍前倾，两臂自然弯曲于体侧，两眼注视全场情况。

2. 起动

起动是队员在球场上由静止状态变为运动状态的一种起始动作，一般用于攻、守中抢占有利位置的行动中。起动包括向前和侧向起动两种方式。

动作要领：从基本站立姿势开始，向左侧起动时重心左移，上体迅速左转，左脚不动，右脚前脚掌用力蹬地，并向左跨出，两臂自然摆动；向前或向右起动与向左起动的动作要领相仿，只是方向不同而已。

3. 跑

跑是最基本的移动技术，包括侧身跑、变速跑、变向跑和后退跑等。其中侧身跑和变速较为常用。

（1）侧身跑。侧身跑是队员在跑动中为了抢位、摆脱防守、接侧向或侧后方的传球而采用的一种跑动方法。动作要领：跑动过程中两脚尖正对跑动方向，头和上体转向球的方向。

（2）变速跑。变速跑是队员在跑动过程中改变跑的速度（加速或减速）的一种方法。动作要领：跑动过程中，加速时上体前倾，两脚掌连续交替向后蹬地，同时迅速摆臂；减速时上体直起，加大步幅，用前脚掌抵地，缓冲减速。

4. 急停

急停是进攻队员在快速跑动过程中，突然制动并成静止状态的一种方法。常用的有跨步急停和跳步急停两种方法。

（1）跨步急停。动作要领：停步时一只脚向前跨出一大步，脚跟着地过渡到全脚掌抵地，同时迅速曲膝，上体后仰。另一只脚紧随着地时脚尖内旋，身体顺势侧转，前脚掌内侧蹬地。两臂曲肘张开，保持身体平衡。

（2）跳步急停。动作要领：停步时双脚起跳，上体稍后仰，两臂自然摆动，两脚同时平行落地，曲膝降重心，两臂曲肘张开，保持身体平衡。

5. 滑步

滑步是队员防守时移动的主要步法。常用的有侧滑步、前滑步和后滑步三种步法。

（1）侧滑步。动作要领：开始滑步前两脚左右开立，微曲膝，两臂侧张开；向左滑步时身体重心左移，左脚向左跨出一步，落地的同时右脚迅速滑行跟进，完成一步侧滑，然后重复以上动作。如图 6-1 所示。向右滑步时，动作相反。

图 6-1　向左侧滑步

（2）前滑步。动作要领：开始滑步前，两脚前后开立，微曲膝，两臂前后张开。向前滑步时，身体重心前移，前脚向前跨一步，落地的同时后脚迅速滑行跟进，向前滑一步，然后重复以上动作；向后滑步时动作相反。

6. 转身

转身是队员以一脚做轴（中枢脚），另一只脚蹬地向前或向后跨出，身体顺势转动，以改变身体方向的一种方法。转身包括前转身和后转身两种方式。

（1）前转身。动作要领：转身时（以右脚为中枢脚）左脚前脚掌向外蹬地，同时身体重心右移，左脚经体前向右跨一步，同时中枢脚以前脚掌为轴（脚跟提起）用力碾地旋转，身体顺势右转，如图 6-2 所示。

（2）后转身。后转身和前转身的动作要领相仿，不同的是后转身时移动的脚向自己身后跨步使身体改变方向。

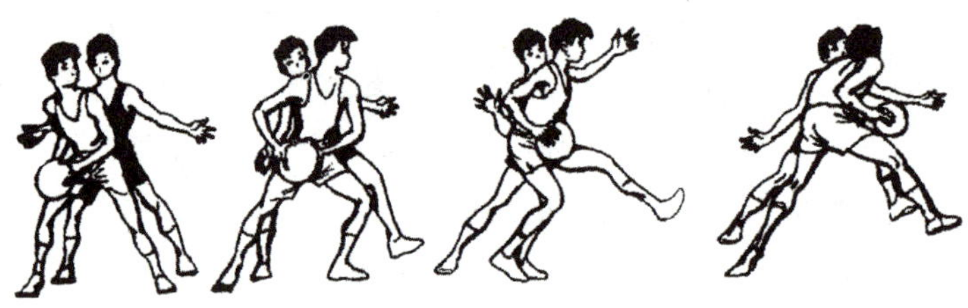

图 6-2　前转身

（二）传接球

传接球是篮球比赛中队员之间有目的地转移球，以更好地配合全队进攻的有效手段。因此，传接球是组织全队进攻配合的纽带，也是提高进攻质量的重要环节。

1. 传球

传球包括双手胸前传球、双手头上传球、单手肩上传球、单手胸前传球和勾手传球等。下面将对双手胸前传球和单手肩上传球进行简要的介绍。

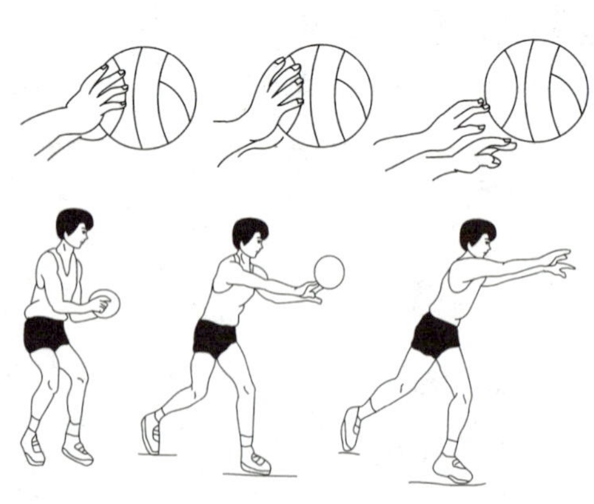

图 6-3　双手胸前传球

（1）双手胸前传球。双手胸前传球是一种最基本、最常用的传球方法，适用于不同方向、不同距离的传球，其特点是准确性高，便于控制球。

动作要领：双手持球时两脚开立，两膝微屈，重心落于两脚间，双手十指自然分开，两拇指相对呈“八”字形，指根以上部位持球两侧，掌心空出，持球于胸腹之间；传球时，两臂迅速向传球方向前伸，当手臂将要伸直时，急促抖腕，同时两拇指用力下压，食、中指用力拨球，将球传出。如图 6-3 所示。

（2）单手肩上传球。单手肩上传球常用于中、远距离传球，特点是传球力量大，利于抢到后场篮板后长传快攻。

动作要领：（以右手传球为例）左脚向传球方向迈出半步，同时右臂引球至右肩上方，左手离球，左肩对着传球方向，重心落于右脚上；右脚内侧蹬地转身，同时迅速向前挥臂，手腕前屈，通过食、中指拨球，将球传出。如图 6-4 所示。

图 6-4 右手肩上传球

2．接球

接球是队员获得球的动作，是抢篮板球和断球的基础，包括双手接球和单手接球两种。

（1）双手接球。双手接球包括双手接胸部高度的球、双手接头部高度的球、双手接低于腰部的球和双手接地滚球等方法。下面简要介绍双手胸前接球的动作要领。

双手胸前接球动作要领：两眼注视来球方向，两臂向来球方向伸出，十指自然分开；当双手触及球时手臂顺势引球，将球持于胸腹之间。如图 6-5 所示。

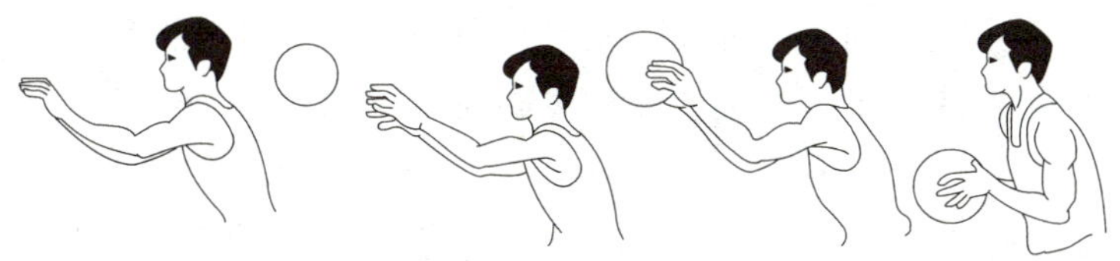

图 6-5 双手胸前接球

（2）单手接球。动作要领：（以右手接球为例）两眼注视来球方向，右臂微屈，伸向来球方向，手掌呈勺形，五指自然分开；当手指触及球时右臂顺势引球，左手立即帮助右手，双手持球于胸腹间。如图 6-6 所示。

图 6-6 单手接球

（三）运球

运球包括高运球、低运球、体前变向换手运球、后转身运球和胯下运球等。下面将对高运球、低运球、体前变向换手运球和胯下运球进行简要介绍。

1. 高运球

高运球是球反弹的高度在腰、胸之间的运球方法，一般用于无防守的快速运球。

动作要领：（以右手运球为例）运球时微曲膝，上体稍前倾，目平视，以肘关节为轴，前臂自然伸屈，用右手按拍球的后上方，控制球的落点在身体右前方，球的反弹高度在胸腹之间。

2. 低运球

当持球队员接近防守队员或防守队员来抢球时，持球队员为保护球或摆脱防守，常采用低运球方法。

动作要领：运球时抬头、目视前方，深曲膝，上体前倾，用上体、腿和另一只手臂保护球。同时用手短促地按拍球，控制球的反弹高度在膝关节以下。

3. 体前变向换手运球

当防守队员堵截运球队员的进攻路线或运球队员运球接近防守队员时，运球队员可运用体前变向换手运球摆脱和突破对手。

动作要领：（以运球队员右手运球突破对手左侧为例）运球队员右手运球，当对手向右侧移动堵截时运球队员应向右侧加速运球吸引对手偏离正常防守位置，接着突然变向，用右手按拍球的右后上方，向左侧拍球，左、右脚先后迅速向左前方跨出，上体左转并前倾探肩，换左手按拍球的后上方，加速运球突破对手，如图 6-7 所示。

图 6-7　体前变向换手运球

4. 胯下运球

动作要领：（以右手胯下运球为例）运球跨步急停后两脚前后开立，左脚在前，重心落于两脚间，右手按拍球的右上方，使球从两腿之间穿过，换左手运球，右脚向左前跨出，完成一次胯下运球。

投篮

（四）投篮

投篮包括原地投篮、行进间投篮、跳起投篮、补篮和扣篮等，下面将对原地投篮和行进间投篮进行简要介绍。

1．原地投篮

原地投篮包括双手头上投篮、双手胸前投篮、单手头上投篮和单手肩上投篮。下面介绍原地单手肩上投篮的动作要领。

原地单手肩上投篮动作要领：（以右手投篮为例）从双手持球的基本站立姿势开始，左手扶球左侧，右手持球，右臂曲肘，置球于右肩上；投篮时两脚掌蹬地，左手离球，右臂向前上方伸直时手腕前屈，食、中指拨球，将球投出。如图 6-8 所示。

图 6-8　原地单手肩上投篮

2．行进间投篮

行进间投篮包括单手肩上投篮、单手低手投篮、双手低手投篮、反手投篮和勾手投篮等。下面介绍行进间单手低手投篮的动作要领。

行进间单手低手投篮动作要领：（以右手投篮为例）运球队员结束运球变为双手持球的同时，右脚跨出第一步；左脚跨出第二步落地时，前脚掌用力蹬地向前上方起跳，右腿曲膝自然上提，右手将球引至右肩侧上方；腾空到最高点时左手离球，右手托球，右臂向前上方伸展；接近球篮时，手腕、手指上挑，将球投出。如图 6-9 所示。

图 6-9　行进间单手低上投篮

三、基本战术

篮球战术是篮球比赛中队员所运用的攻守方法的总称，主要分为进攻和防守两种战术，其中进攻战术包括传切配合、掩护配合和突分配合等战术；防守战术包括换防配合和补防配合等战术。

（一）传切配合

传切配合包括一传一切和空切两种配合。一传一切是指持球队员传球给同伴后自己立即切向篮下，接同伴回传的球进行投篮的方法；空切是指无球队员根据球的转移情况，从不同的方向迎球或侧向插入篮下接球的配合方法。

（二）掩护配合

掩护配合是指队员用自己的身体挡住同伴的防守队员，使同伴摆脱防守的配合方法。

（三）突分配合

突分配合是指持球队员突破防守后遇到补防或吸引对手注意力后，及时将球传给同伴，使同伴获得进攻机会的配合方法。

（四）换防配合

换防配合是指防守队员为了破坏进攻队员的掩护配合，彼此之间及时呼应并交换防守对手的一种配合方法。换防配合是破坏掩护配合的一种方法。

（五）补防配合

补防配合是指当防守队员被对手突破或绕过时，临近的其他防守队员主动放弃自己防守的对手，去补防突破队员的配合方法。

四、比赛规则

（一）比赛场地

标准篮球场地是一块长 28 m，宽 15 m 的长方形平地，如图 6-10 所示。球场必须有明显的界线，界线距观众、广告牌或其他障碍物至少 2 m。篮球场长边的界线叫边线，短边的界线叫端线。

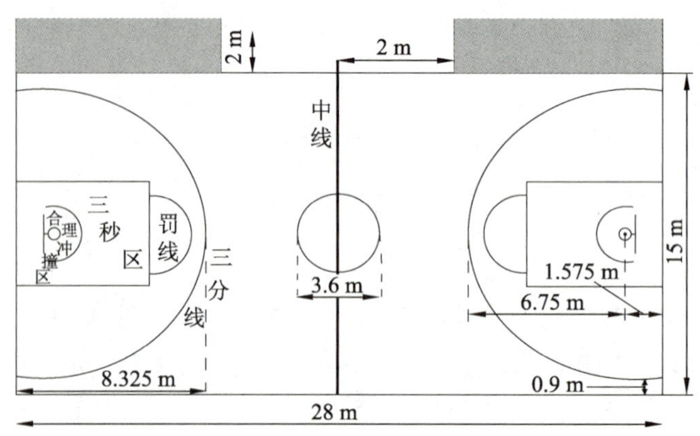

图 6-10　篮球场

（二）违例

违例是指球员在比赛过程中不慎侵犯了比赛中的一些基本规定，包括 2 次运球、故意踢球、带球走、控球队员在对方的限制区内持续停留超过 3 s、队员持球 5 s 内没有传球，投球或者运球、控球队员从后场推进前场超过 8 s 和进攻队在场上控球，24 s 内没有投篮出手等。

罚则：在比赛过程中出现时间方面的违例、带球走、2 次运球、脚踢球和跳球违例等均判对方在违例地点附近的边线或底线发界外球。

（三）侵人犯规

侵人犯规是指比赛过程中队员与对方队员的接触犯规。例如，队员通过伸展他的手、臂、肘、肩、髋、腿、膝或脚来拉、阻挡、推、撞、绊和阻止对方队员行进；队员将自己的身体扭曲成“反常”的姿势（超出自己的圆柱体）；队员对对方队员有任何粗暴的动作，都属于侵人犯规。

罚则：给犯规队员记一次侵人犯规，以及判给对方球权或罚球，当判给对方球权或罚球时，按如下规定执行，① 被侵犯队员未投篮，由被侵犯队员在靠近犯规地点的界线外掷界外球。② 被侵犯队员正在投篮，投篮成功应计得分并判给其 1 次罚球；投篮未中，在 2 分区（或 3 分区）投篮，则判给其 2 次（或 3 次）罚球。

第二节　排球运动

一、排球运动概述

排球运动具有广泛的群众性、技术的全面性、高度的技巧性、激烈的对抗性、严密的集体性、攻防的两重性等特点。它能使练习者提高力量、速度、灵敏性、弹跳力等身体素质，改善身体各器官、系统的机能，培养良好的心理素质和意志品质。

排球运动是以得分多少决胜负的集体项目，具有技巧性、对抗性和集体性等特点。排球比赛无时间限制，参赛双方通常通过变换击球路线和落点造成对方失误来得分。

二、基本技术

排球技术是在比赛规则允许的条件下，队员运用的各种合理击球动作和配合动作的总称，主要包括准备姿势与移动、传球、垫球、扣球、发球和拦网等。

（一）准备姿势与移动

准备姿势与移动是排球运动中运用最多的两项基本技术，它是完成传球、垫球、扣球、发球和拦球各项技术的前提和基础，并且对各项技术动作的运用起着串联作用。

1．准备姿势

按照重心的高低，准备姿势包括稍蹲、半蹲和低蹲三种。下面介绍半蹲准备姿势的动作要领。

半蹲准备姿势动作要领：两脚左右或前后开立（根据场上情况，可以左脚在前或右脚在前），稍比肩宽，脚跟提起，膝微屈，脚尖和膝稍内扣；上体前倾，重心前移，肩超膝，膝超脚尖；两臂自然弯曲，置于腹前，目视来球。

2．移动

移动的基本步法包括并步与滑步和交叉步等。

并步与滑步的动作要领：（以向前移动为例）从两脚前后开立的准备姿势开始，后脚用力蹬地，前脚向来球方向跨出一步，后脚迅速跟上成准备姿势。连续并步移动称为滑步。

交叉步的动作要领：从准备姿势开始，向右移动时上体稍向右转，左脚从右脚前面向右交叉跨一步，然后右脚再向右跨一大步，同时身体转向来球方向成准备姿势。

（二）发球

发球过程分为准备姿势、抛球和击球三个环节。下面对正面上手发球和侧面下手发球进行简要介绍。

1．正面上手发球

正面上手发球的特点是力量大、速度快、弧度平、旋转强和落点易于控制。

（1）准备姿势：面对球网站立，两脚前后自然开立，左脚在前，两膝微屈，上体前倾，左手持球于胸前。

（2）抛球：左手将球垂直平稳地抛向右肩的前上方，高度为距头顶三个球高。同时右臂抬肘约与肩平，前臂后引，手掌置于头后上方，上体略向后移，挺胸、展腹、身体重心后移至右脚。

（3）击球：身体重心前移，收腹，同时带动右臂迅速向肩前上方挥动，在最高点伸直手臂，用力掌击球的后中部；在触球的刹那，手腕适当地向前推压。如图 6-11 所示。

图 6-11　正面上手发球

2. 侧面下手发球

侧面下手发球的特点是发球动作较简单，容易掌握，稳定性较大，但攻击性较小。

（1）准备姿势：右肩对网站立，两脚左右开立，与肩同宽，上体稍前倾，重心落于两脚间或稍偏右脚，左手置球于腹前。

（2）抛球：左手将球抛至胸前距身体约一臂远，同时右臂摆至身体右侧后下方，上体稍右转。

（3）击球：右脚内侧蹬地，身体左转，带动右臂向前摆动，在腹前用全掌击球下部，将球击出。击球时手臂要伸直，眼睛要看着球。

（三）传球

传球是排球运动中的一项最基本的技术，是进行比赛和组织战术的基础。传球的种类多种多样，下面对正面双手传球（简称正传）和背传进行简要介绍。

1. 正传

（1）动作要领：传球前采用稍蹲姿势，身体站稳，上体挺直，双手自然抬起，置于脸前；当球至距额前上方一个球左右的位置时，开始双脚蹬地、伸膝、伸双臂，张开双手，从脸前向前上方击球，将球传出。如图 6-12 所示。

（2）传球手形：当手触球时两手自然张开呈半球状，手腕稍后仰，以拇指、食指和中指拖住球的后下部，两拇指相对，接近“一”字形，两手间要有一定的距离（不超过球的直径）。

（3）传球的用力：传球时主要是利用蹬地、伸膝、向上展体和伸臂协调动作，配合手指和手腕的弹力将球传出。

2. 背传

动作要领：传球时上体挺直或稍后仰，两膝半屈，重心落于两脚间，双手自然抬起，置于脸前，目视来球方向；迎球时微仰头挺胸，下肢蹬地，同时上体向上方伸展；触球时，手腕后翻，掌心向上击球底部（手形与正传的手形相同），同时下肢蹬地、展腹、抬臂、伸肘，通过手指和手腕的弹力把球向后上方传出。如图 6-13 所示。

图 6-12 正传　　图 6-13 背传

（四）垫球

排球垫球技术

垫球主要包括正面双手垫球、体侧垫球、跨步垫球和挡球等。下面将对正面双手垫球和跨步垫球进行简要介绍。

1. 正面双手垫球

正面双手垫球是双手在腹前垫击来球的一种垫球方法，是各项垫球技术的基础。

（1）动作要领：垫球前判断球的落点后迅速移动到落点，身体正对来球方向成准备姿势站好；当球接近腹前时两臂夹紧前伸，含胸收肩，收腕抬臂将球准确地垫在小臂上。如图 6-14 所示。

图 6-14　正面双手垫球

（2）手形：两手手指上下相叠，掌根紧靠，两拇指平行相靠，紧压在上层手指中指的第二节上，两臂伸直相夹，如图 6-15 所示。

（3）击球点与垫球部位：击球点应保持在腹前约一臂处；垫球部位为前臂腕关节以上 10 cm 左右桡骨内侧平面为宜，如图 6-16 所示。

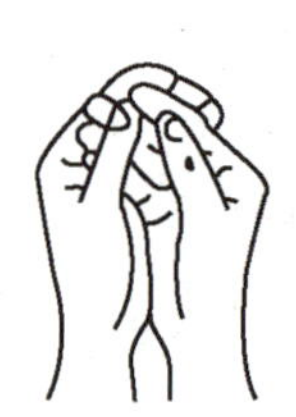

图 6-15　垫球手形

图 6-16　垫球部位

2. 跨步垫球

跨步垫球是当球距身体一步左右，但速度很快或位置较低，队员来不及移动正对时，迅速向前或向一侧跨出一步，做垫球的动作。

动作要领：垫球前首先判断来球的落点，然后迅速向来球方向跨出一步，曲膝制动，重心移至跨出的脚上。两臂夹紧伸直插入球下，用两前臂击球的后下部，将球平稳地向目标方向垫出。

（五）扣球

扣球主要包括正面扣球、自我掩护扣球和勾手扣球等。下面将对正面扣球进行简要介绍。

正面扣球（见图 6-17）的动作要点（以两步助跑右手扣球为例）如下。

图 6-17 正面扣球

（1）准备姿势：采用稍蹲姿势，两臂自然下垂，观察来球，做好向各个方向助跑起跳的准备。

（2）助跑：助跑时左脚先向前迈一小步（便于寻找和对正方向），接着右脚再迅速跨出一大步，同时两臂绕体侧向后引。左脚及时跟上右脚，踏在右脚之前，两脚尖稍向右转，曲膝制动同时两臂自后积极向前摆动。

（3）起跳：助跑制动之后两臂用力向上摆，同时两脚猛力蹬地向上起跳。

（4）空中击球：起跳后挺胸展腹，上体稍向右转，右臂向后上方抬起，身体呈反弓形；挥臂时身体左转，收腹，带动肩、肘、腕各部分关节向前上方挥动（类似甩鞭动作）；击球时五指微张呈勺形，以掌心击球的后中部，同时曲腕、曲指向前推压，将球扣出。

（5）落地：落地时前脚掌先着地，然后过渡到全脚掌着地，顺势曲膝收腹，以缓冲下落的力量。

（六）拦网

拦网包括单人拦网和集体拦网两种，两者的个人动作要领相同，只不过后者更注重相互间的协调与配合。下面将对单人拦网进行简要介绍。

单人拦网的动作要点（见图 6-18）如下。

图 6-18 单人拦网

（1）准备姿势：面对拦网，两脚左右开立，与肩同宽，两膝微屈，两臂在胸前曲肘，距网 30～40 cm。

（2）移动：为了正对对方的进攻点，拦网队员需要及时移动。常用的移动步法有并步与滑步和交叉步等。

（3）起跳：原地起跳时两膝弯曲（弯曲程度因人而异，以发挥最高弹跳力为原则），重心降低，双脚用力蹬地，同时两臂在体侧画小弧用力上摆，带动身体垂直起跳。

（4）空中击球：起跳过程中两手经额前向网上沿伸出，两臂上举，平行伸直，前臂靠近网，两肩尽量上提；拦网时两臂尽力过网伸向对方上空，两手自然张开，曲指、曲腕呈勺形，以便包住球；手触球时用力下压手腕，盖住球的前上方通道。

（5）落地：落地时面对对方，曲膝缓冲，同时曲肘向下收臂。

三、基本战术

排球基本战术主要包括阵容配置、进攻战术和防守战术等。

（一）阵容配置

阵容配备主要有“四二”阵容配备和“五一”阵容配备。

1. “四二”阵容配备

“四二”阵容配备是上场队员中有4个进攻队员和两个二传队员。4个进攻队员中有两个主攻队员和两个副攻队员。主（副）攻队员站在对角的位置上。

2. “五一”阵容配备

“五一”阵容配备是上场队员中有5个扣球手和1个二传手，通常二传队员在对角位置上，配备一名有进攻能力的扣球手接应二传队员。

（二）进攻战术

1. “中一二”进攻战术

“中一二”进攻战术的阵型：二传手站位于3号，5号垫球至3号，3号传球给2号或4号扣球进攻，如图6-19所示（实线为传球路线，虚线为队员移动路线）。

2. “边一二”进攻战术

“边一二”进攻战术的阵型：二传站位于2号，6号垫球至2号，2号传球给3号或4号，由3号或4号扣球进攻，如图6-20所示。

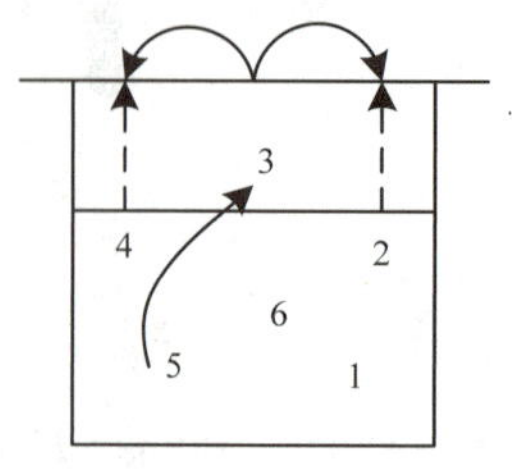

图6-19 “中一二”

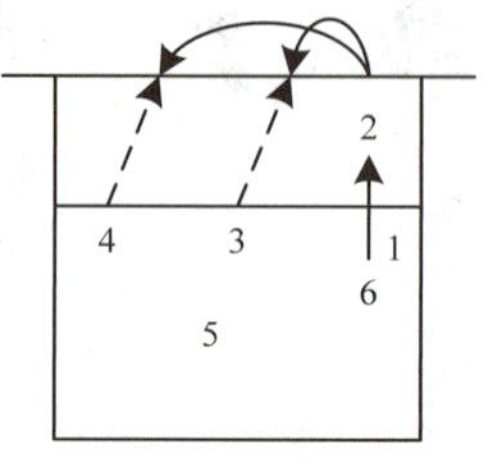

图6-20 “边一二”

（三）防守战术

防守战术是组织进攻和反攻战术的基础，主要包括接发球防守和接扣球防守等。

1. 接发球防守

下面将对 5 人接发球防守战术和 4 人接发球防守战术进行简要介绍。

（1）5 人接发球防守战术。5 人接发球防守战术是比赛中最基本、最常用的接发球方法，它的阵型是除前排 1 名二传手或后排准备插上的二传手外，其余 5 名队员都参与接发球。5 人接发球时，球员的位置应根据本方一攻战术来确定。

（2）4 人接发球防守战术。4 人接发球防守战术的阵型是除前排 1 名二传手和后排准备插上的二传选手外，其余 4 名队员都要参与接发球。它的特点是可以缩短插上和扣快球队员跑动的距离，有利于提高进攻的速度。

2. 接扣球防守

接扣球防守战术由拦网和后排防守两部分组成，分为无人拦网、单人拦网、双人拦网和三人拦网防守战术。下面将对双人拦网防守战术进行简要介绍。

双人拦网防守战术适用于对手的扣球力量较大、线路变化多的情况，其方法包括“边跟进”防守和“心跟进”防守等。

（1）“边跟进”防守。“边跟进”防守的阵型是队员呈“M”形站位时，2 号和 3 号网前拦网，4 号后退至攻防线后参与后场防守，1 号或 5 号跟进保护和防守对方吊球，如图 6-21 所示。它适用于对方进攻力量强，扣球多，吊球少的情况。

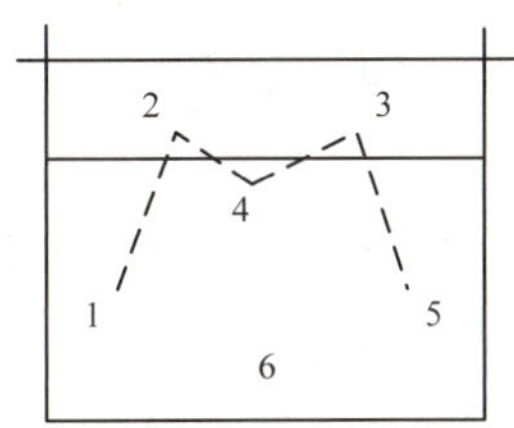

图 6-21　“M”形站位

（2）“心跟进”防守。“心跟进”防守的阵型是队员呈“M”形站位时，2 号和 3 号网前拦网，4 号后退至攻防线后参与后场防守，6 号队员专职跟进、保护拦网和防吊球。它适用于对方经常打吊结合的情况。

四、比赛规则

（一）比赛场地

排球场包括比赛区域和无障碍区两部分：比赛区域为 18 m×9 m 的长方形，如图 6-22 所示；比赛场地边线外的无障碍区至少宽 5 m，端线外的无障碍区至少宽 8 m，比赛区域上空的无障碍空间至少高 12.5 m（从地面量起）。

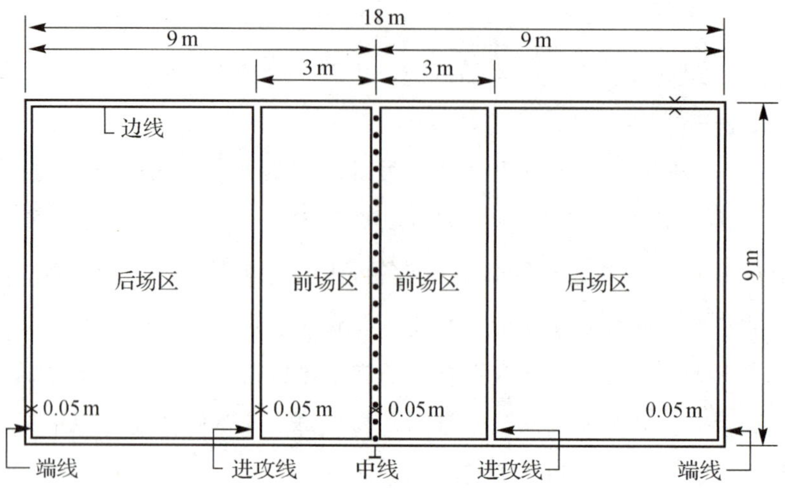

图 6-22 排球场

（二）犯规

1. 发球犯规

（1）发球队队员未依照上场阵容单的顺序，轮流发球。

（2）发球队员在击球时或击球跳起落下时，踏及场区（包括端线）或发球区以外地面。

（3）发球队员在第一裁判员鸣哨后 8 s 内没有将球击出。

（4）发球出界。

2. 击球犯规

（1）排球比赛中，一名队员（拦网队员除外）连续 2 次击球或球连续 2 次触及他身体的不同部位。

（2）比赛过程中，击球队员将球接住或抛出。

（3）击球出界。

3. 拦网犯规

（1）拦对方的发球。

（2）拦网出界。

（3）队员从标志杆以外伸入对方空间拦网。

罚则：无论哪种犯规，若一队犯规，另一队得 1 分并得到发球权。

第三节　足球运动

一、足球运动概述

现代足球运动起源于英国，是以射门为目标，以得分多少决胜负的一种体育项目，具有易行性、对抗性、集体性和多变性的特点。经常参加足球运动，不仅能锻炼身体素质，还能培养顽强拼搏的精神和团队协作意识。

二、基本技术

足球技术是指运动员在足球竞赛规则允许的条件下，运用身体有效部位合理完成各种动作的总称。足球技术包括踢球、接球、头顶球、运球和抢截球等。

（一）踢球

踢球是指运动员有目的地用脚的相应部位将球踢向预定目标的技术动作。它主要用于传球和射门。

踢球按击球时脚触球的部位可分为脚内侧踢球、脚背正面踢球、脚背内侧踢球和脚背外侧踢球等。踢球时可按球的状态分为定位球、地滚球、反弹球和空中球等，在此仅以踢定位球为例介绍动作要领。

1. 脚内侧踢球

脚内侧踢球是用脚内侧的跖指关节、舟骨和根骨所构成的三角部位接触球的一种踢球方法。其特点是触球面积大，可控性强，出球平稳，角度准确，出球力量较小。它适用于短距离传球和射门。

动作要领：直线助跑，支撑脚踏在球侧约 15 cm 处，膝微屈，脚尖指向出球方向；支撑脚落地同时，踢球腿以髋关节为轴由后向前摆动，膝、踝外展，脚跟前送，脚尖稍翘，脚掌与地面平行；小腿加速前摆，脚形固定，用脚内侧部位击球的后中部，击球后踢球腿随球前摆。如图 6-23 所示。

足球踢球技巧

图 6-23　脚内侧踢球

2. 脚背正面踢球

脚背正面踢球是用脚背正面的楔骨和趾骨末端部位触球的一种踢球方法，其特点是踢摆幅度大、摆速快，便于发力，但出球路线缺乏变化。它适用于远距离传球和大力射门。

动作要领：直线助跑，支撑脚踏在球侧约 15 cm 处，膝微屈，脚尖指向出球方向，踢球腿自然后摆，小腿后屈；支撑脚落地同时，踢球腿以髋关节为轴带动小腿前摆；膝关节接近球体上方时，小腿加速前摆，脚背绷直，脚趾扣紧，以脚背正面击球的后中部，击球后，踢球腿顺势前摆。如图 6-24 所示。

图 6-24 脚背正面踢球

3．脚背内侧踢球

脚背内侧踢球是用脚背内侧的几个楔骨和趾骨末端部位接触球的一种踢球方法。其特点是摆幅度大，摆速快，踢球力量大，助跑方向和支撑脚站位灵活，出球的方向变化较多。它适用于中、远距离传球和射门。

动作要领：沿出球方向 45°斜线助跑，支撑脚踏在球体侧后方 20～25 cm 处，膝微屈，脚尖指向出球方向，身体稍倾向支撑脚一侧，踢球腿自然后摆；支撑脚落地同时，踢球腿以髋关节为轴带动小腿前摆；膝关节接近球体上方时小腿加速前摆，脚尖外转，脚面绷直，脚趾扣紧，以脚背内侧击球的后中部，击球后踢球腿顺势前摆。如图 6-25 所示。

图 6-25 脚背内侧踢球

（二）接球

接球又称停球，是指运动员有目的地运用身体的有效部位触球，将运行中的球接控在所需要范围内的技术动作。常用的接球方法有脚内侧接球和脚底接球等。

1．脚内侧接球

脚内侧接球的特点是触球面积大，接球平稳，便于改变球的方向。它适用于接地滚球和反弹球。

动作要领如下。

（1）接地滚球时身体正对来球，支撑腿微屈，接球腿曲膝外转前迎，脚内侧对准来球，脚内侧触球瞬间自然后撤，将球控制在所需要的位置上，如图 6-26 所示。

（2）接反弹球时支撑脚踏在落球点的侧前方，膝微屈，上体稍前倾，并向停球方向微转；接球腿曲膝上提，膝、踝外转，脚内侧对准球的反弹路线，当球落下反弹刚离地时用脚内侧触压球的中上部。如图 6-27 所示。

图 6-26　脚内侧接地滚球

图 6-27　脚内侧接反弹球

2．脚底接球

脚底接球的特点是动作简单，控球稳定。它适用于接地滚球和反弹球。

动作要领：身体正对来球，支撑腿踏在球的侧后方，膝微屈，停球腿自然曲膝上提，脚尖翘起，用前脚掌触压球的中上部，如图 6-28 所示。

（三）头顶球

头顶球是指运动员有目的地用额部将球击向预定目标的技术动作。头顶球包括前额正面顶球和前额侧面顶球。

1．前额正面顶球

特点：触球部位平坦，发力顺畅，易于控制出球方向，出球平稳有力。

动作要领（见图 6-29）如下。

（1）身体正对来球，两腿前后开立，膝微屈，上体后仰，重心置于后脚，两臂自然张开。

（2）当球运行到身体垂直面的瞬间，后腿用力蹬地，重心前移，迅速向前摆体，微收下颌，用前额正面击球的后中部。

图 6-28　脚底接球

图 6-29　前额正面顶球

2. 前额侧面顶球

特点：动作突然、能变换出球方向，但触球面积小，出球力量较小。

动作要领：两脚前后开立，与来球方向的同侧脚在前，两膝微屈，重心置于后脚；上体和头部向出球的相反方向倾斜，两臂自然张开；当球运行到体前上方时，后脚用力蹬地，上体迅速向出球方向扭摆，屈体甩头，用前额侧面击球的后中部，如图 6-30 所示。

图 6-30 前额侧面顶球

（四）运球

运球是指运动员在跑动过程中用脚连续推拨球，使球处于自己控制范围之内的技术动作。常用的运球方法有脚内侧运球、脚背正面运球和脚背外侧运球等。

1. 脚内侧运球

特点：易于控球，但运球速度慢，适用于掩护性运球。

动作要领：运球时支撑脚踏于球的侧前方，膝微屈，重心移至支撑脚，身体略转向运球方向，运球腿曲膝上提，脚尖外转，在向前迈步过程中用脚内侧推球前进，如图 6-31 所示。

2. 脚背正面运球

脚背正面运球的特点是直线推拨，速度快，但运球路线单一。它多在快速运球前进或前方纵深距离较大时使用。

动作要领：运球时身体自然放松，两臂自然摆动，上体稍前倾，步幅不宜过大；运球脚提起时膝微屈，脚跟提起，脚尖下指，在向前迈步过程中用脚背正面推球前进，如图 6-32 所示。

图 6-31 脚内侧运球

图 6-32 脚背正面运球

3. 脚背外侧运球

脚背外侧运球的特点是具有较强的灵活性和可变性，易于控制运球方向和提高运球速度。它多在快速奔跑和向外改变运球方向时使用。

动作要领：其动作要领与脚背正面运球相似，只是在摆脚时脚尖稍向内转，用脚背外侧推球前进，如图 6-33 所示。

（五）抢截球

抢截球是指在比赛规则允许的范围内，运动员有目的地运用身体的某一部位，将对方控制下或传递中的球夺过来、踢出去或破坏掉的技术动作。常用的抢截球方法有正面抢球和侧面抢球等。

1. 正面抢球

动作要领：两脚前后开立，两膝微屈，身体重心下移，落于两脚。在控球队员运球脚触球后即将着地或刚刚着地时，抢球队员支撑脚用力蹬地，抢球脚以脚内侧对球，同时曲膝向球跨出将球堵截住；身体重心随即移至抢球脚，支撑脚前跨将球控制住。如图 6-34 所示。

图 6-33 脚背外侧运球

图 6-34 正面抢球

2. 侧面抢球

动作要领：当与对方控球队员成平行跑动时，身体重心稍下移，靠近对手一侧的手臂紧贴身体；当对方靠近自己一侧的脚离地时，用肘关节以上部位冲撞对方相应部位，使其失去平衡，趁机将球控制在自己脚下。如图 6-35 所示。

图 6-35 侧面抢球

三、基本战术

足球战术是指在足球比赛中，一方为了战胜对方，根据主客观情况所采取的个人行动和集体配合的方法。足球战术可分为比赛阵型、进攻战术和防守战术三大部分。攻、守战术中又各自包括个人战术、局部战术和整体战术。

（一）比赛阵型

足球比赛阵型是指为了适应攻守战术的需要，队员在场上的位置排列和职责分工的基本形式。各阵型的名称按队员排列的形状而定。阵型的序列由后向前依次为守门员、后卫、前卫和前锋。守门员的职责是固定的，一般不将其列入比赛阵型中。较为常见的比赛阵型有 4—2—4、4—3—3、3—5—2 和 4—4—2 等。例如，4—2—4 阵型为 4 名后卫、2 名前卫和 4 名前锋。

（二）进攻战术

1．个人进攻战术

个人进攻战术包括了采取有效措施，摆脱对方防守队员；跑动到有利位置，接应队友传球；运球突破对方防线，寻求射门机会等，其目的是进球得分。

2．局部进攻战术

局部进攻中常用“二过一”战术配合。“二过一”战术配合是指在局部地区两名进攻队员通过连续传球和跑位，突破一名防守队员的配合。

（1）斜传直插二过一：当对方防守队员逼近正在运球的进攻队员时，进攻队员将球传给队友，然后直插到对方防守队员身后的空当，接应队友传球的一种战术配合，如图 6-36 所示（实线为传球方向，虚线为跑动方向，曲线为运球方向）。

（2）直传斜插二过一：进攻队员将球直传给队友，当对方防守队员逼近控球队友时，队友将球传至对方防守队员身后的空当，进攻队员立即斜插入空当，接应队友的传球的一种战术配合，如图 6-37 所示。

（3）跳墙式二过一：当防守队员逼近正在运球进攻的队员时，进攻队员将球传给队友，队友接球后直接将球传至对方防守队员身后的空当，进攻队员快速切入空当，接应队友的传球的一种战术配合，如图 6-38 所示。

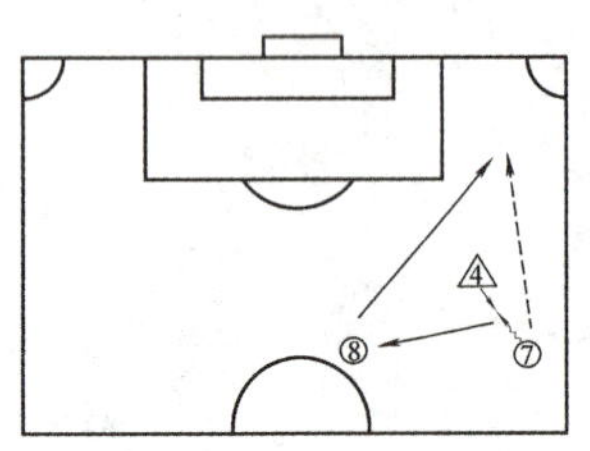

图 6-36　斜传直插二过一

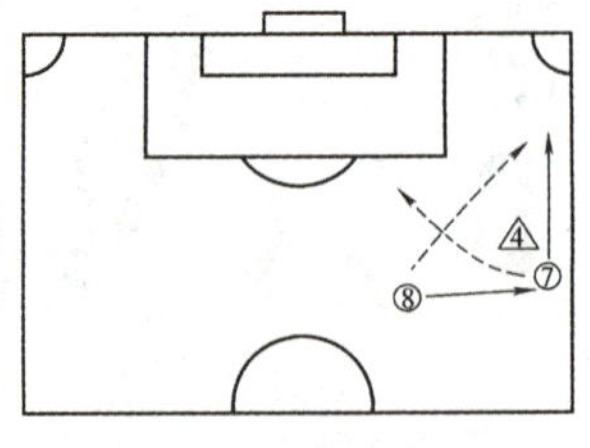

图 6-37　斜传直插二过一

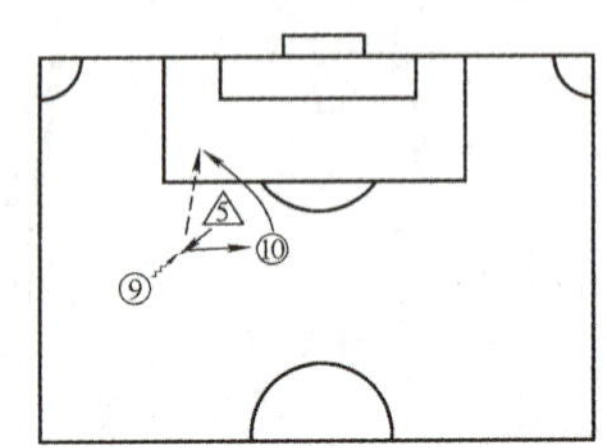

图 6-38　跳墙式二过一

3．整体进攻战术

整体进攻战术主要包括边路进攻和中路进攻战术。

（1）边路进攻：指在对方半场两侧地区发起的进攻。边路进攻可充分利用场地的宽度，拉开对方的防线，使对方边路场区的防守队员分散、防守相对薄弱，以便进攻队员利用对方边路的空当突破防线，再通过传中等方式，创造射门机会。

（2）中路进攻：指在对方半场中部发起的进攻。中路进攻的特点是进攻人数多，配合点多，破门机会多，但对方中路通常防守严密，突破难度也较大。

（三）防守战术

1．个人防守战术

常用的个人防守战术有选位和盯人等。

（1）选位：防守队员根据位置职责和临场情况，选择适当的防守位置的一种防守战术。防守队员选位的点，一般应在本队球门中心与被防守队员所构成的直线上。

（2）盯人：防守队员对进入本方防守区域内的对方队员实施监控，并及时封堵对方队员接球或传球的一种防守战术。

2．局部防守战术

常用的局部防守战术有保护、补位和围抢等。

（1）保护：一名防守队员在防守对方球员持球进攻时，另一名防守队员在其身后选择适当位置进行协助防守的战术配合。

（2）补位：一名防守队员的防守出现漏洞时，另一名防守队员及时上前弥补漏洞的战术配合。通过队友间的相互补位，可以有效地遏制和破坏对方的进攻。

（3）围抢：在局部区域内，多名防守队员同时围堵对方控球队员，以达到抢截或破坏对方进攻目的的战术配合。

3．整体防守战术

整体防守战术主要包括人盯人防守、区域防守和混合防守等。

（1）盯人防守：每个防守队员都有各自明确的防守对象，对手移动到哪里就要紧跟盯防到哪里的战术配合。

（2）区域防守：每个队员负责自己的防守区域，并在该区域内盯人防守的战术配合。

（3）混合防守：是盯人防守与区域防守相结合的一种防守方法。一般情况下，对于对方中场组织队员和持球进攻队员采用盯人防守，对于其他队员采用区域防守的战术配合。

四、比赛规则

（一）比赛场地

足球场地通常为长方形，长为 90～120 m（国际标准 100～110 m），宽为 45～90 m（国际标准为 64～75 m），如图 6-39 所示。

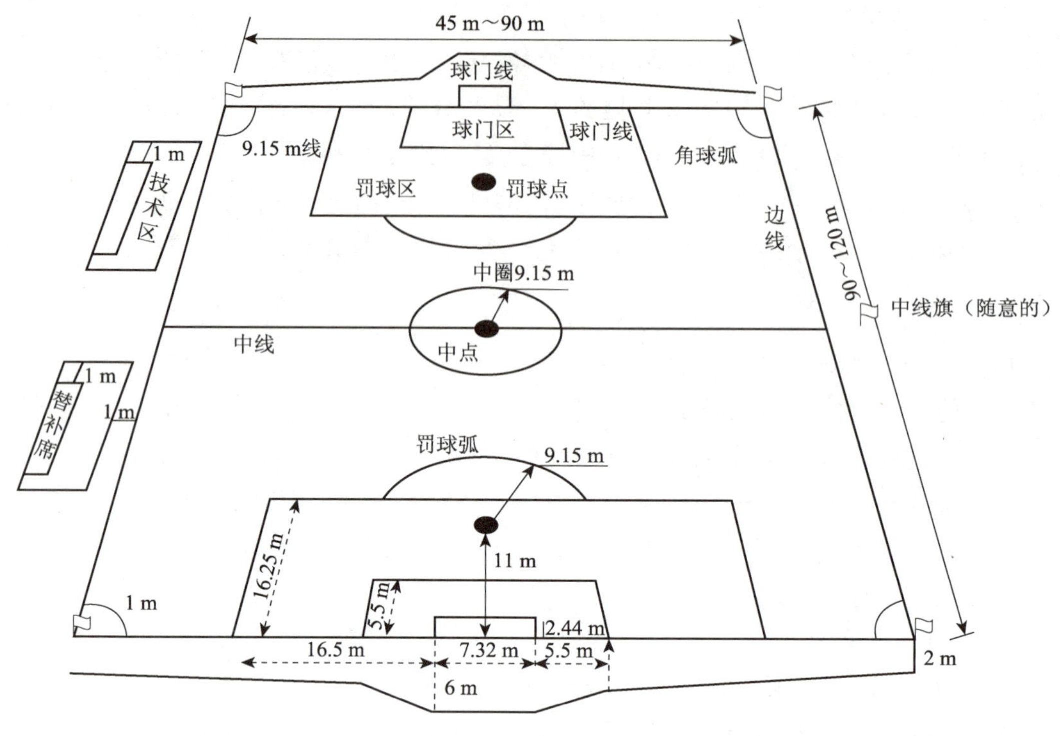

图 6-39　足球比赛场地

（二）越位犯规及其罚则

越位犯规：处于越位位置的队员有干扰比赛、干扰对方球员和利用越位位置获得利益的行为属于越位犯规；若队员仅处于越位位置，或在越位位置直接接到同队队员的球门球、界外球或角球时，不属越位犯规。

罚则：此时裁判员应判由对方队员在越位地点踢间接任意球。如果该队员在对方球门区内越位，那么这个任意球可以在越位时所在球门区内任何地点执行。

（三）犯规与不正当行为及其判罚

1．判罚直接任意球和点球

如果队员在比赛中出现下列情形之一，将被判为犯规，并判由对方在犯规地点踢直接任意球。

（1）拉扯、推、踢（或企图踢）、绊摔（或企图绊摔）或冲撞对方队员。

（2）为了得到对球的控制而抢截对方队员时，触球前触及对方队员。

（3）向对方队员吐唾沫。

（4）故意手球（不包括守门员在本方罚球区）。

2．判罚间接任意球

如果队员在比赛中出现下列情形之一，将判给对方踢间接任意球。

（1）队员动作具有危险性。

（2）队员阻挡对方队员。

（3）队员阻挡对方守门员从其手中发球。

如果守门员在本方罚球区内出现下列情形之一，将判给对方踢间接任意球。

（1）当手控制球时，在发出球之前持球超过 6 s。

（2）在发出球之后未经其他队员触及，自己再次用手触球。

（3）用手触及同队队员有意踢给他的球。

（4）用手触及同队队员直接掷入的界外球。

健体铸魂

用血性书写荣光的中国女排

2021 年 8 月 2 日，中国女排在东京奥运会上的谢幕之战打响，中国队以 3∶0 击败阿根廷队获得两连胜。比赛结束后，中国女排姑娘集体向教练郎平鞠躬致谢，郎平含泪拥抱了每一位女排姑娘，现场哭作一团。这一幕，让无数人动容。

在东京奥运之旅中，尽管中国女排在第 3 场小组赛结束后便提前出局，但是中国女排姑娘仍然认真地打好每一场比赛，在逆境中不气馁、不言败，最终用两场完胜的比赛捍卫了荣誉。

正如郎平所说："女排精神不是赢得冠军，而是即使知道不会赢，也会竭尽全力去拼。"多年来，中国女排成绩有高峰有低谷，但精神一直在，女排姑娘一直在拼搏，从来没有停止过前进的步伐。打不死、冲不垮、压不倒，一分一分咬牙顶，一球一球顽强拼，女排姑娘凭借着祖国至上、团结协作、顽强拼搏、永不言败的精神一路过关斩将，用血性书写荣光。

人生传奇会落幕，但中国女排精神已突破一个体育项目本身的含义，成为一个国家、一个民族精神内核的象征，成为难以忘却的民族记忆，永远屹立不倒。中国女排精神鼓舞着一代又一代中国人无惧艰难险阻，团结奋斗、顽强拼搏，为了梦想奋勇争先。

第七章　小球运动

知识目标

- ○ 掌握乒乓球运动的基本技术、基本战术和比赛规则。
- ○ 掌握羽毛球球运动的基本技术、基本战术和比赛规则。
- ○ 掌握网球运动的基本技术、基本战术和比赛规则。

素质目标

- ○ 通过学习乒乓球运动，发扬发奋图强、自力更生、艰苦奋斗的实干精神，以及不屈不挠、勤学苦练、不断钻研、不断探索的创新精神。
- ○ 通过学习比赛规则，强化规则意识，提高自我约束能力，在实践中尊重规则并服从规则。

第一节　乒乓球运动

一、乒乓球运动概述

乒乓球运动起源于英国，所用设备简单，容易开展，运动量可大可小，参加者不受年龄、性别等限制，在我国有良好的群众基础，深受青年学生的欢迎。乒乓球运动的比赛项目有男女单打、男女双打、男女团体和男女混双等。

二、基本技术

（一）握拍方法

1. 直握拍方法

直握拍方法是指正面拇指第一指节和食指第二指节握拍，拍柄压住虎口，背面中指、无名指和小指自然弯曲，斜着重叠，中指第一指节顶住球拍的后上部使球拍保持平稳，如图 7-1 所示。

2. 横握拍方法

横握拍方法是指中指、无名指和小指自然地握住拍柄，拇指在球拍正面，轻贴在中指的旁边，食指自然伸直，斜放于球拍的背面，虎口轻微贴拍，如图 7-2 所示。

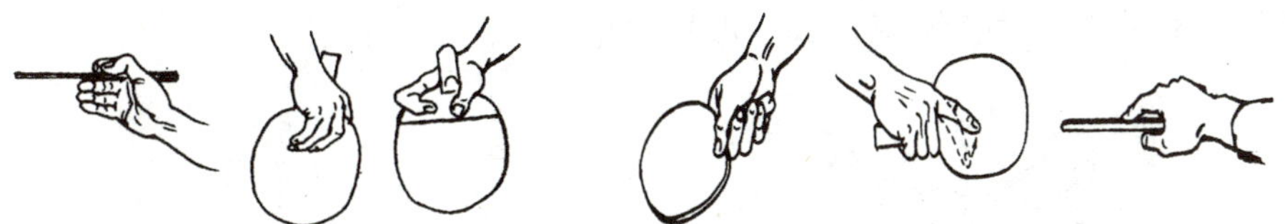

图 7-1 直握拍方法　　图 7-2 横握拍方法

（二）基本步伐

1. 单步

单步是指一脚的前脚掌为轴，另一脚向前、后、左、右某个方向移动一步。单步的特点是移动范围较小，重心较为稳定，适用于来球离身体不远的情况。

2. 跨步

跨步是指一脚向来球方向跨出一大步，另一脚跟着移动。跨步的特点是移动范围较大，身体重心起伏也大，适用于来球急、角度大的情况。

3. 滑步

滑步是指两脚几乎同时向来球方向蹬地，离球远的脚先落地。滑步的特点是移动范围较大，身体重心平稳，便于发力，适用于来球角度较大、球速快的情况。

4. 交叉步

交叉步是指离球远的脚朝来球方向跨出一大步，并从前面超过另一脚形成交叉状，另一脚再向来球方向移出一步，适用于来球远离身体的情况。

（三）发球方法

1. 正手平击发球

正手平击发球是指将球抛起，拍面稍前倾，当球下降稍高于球网时手臂向左前方发力，挥拍击球中上部，如图 7-3 所示。击球后的第一落点应落在球台中区。

2. 反手发轻短球

反手发轻短球是指手臂先向后上方引拍，当球下降至比网稍高时，前臂向前下方轻微用力送出，拍面后仰，触球中下部并向底部摩擦，如图 7-4 所示。

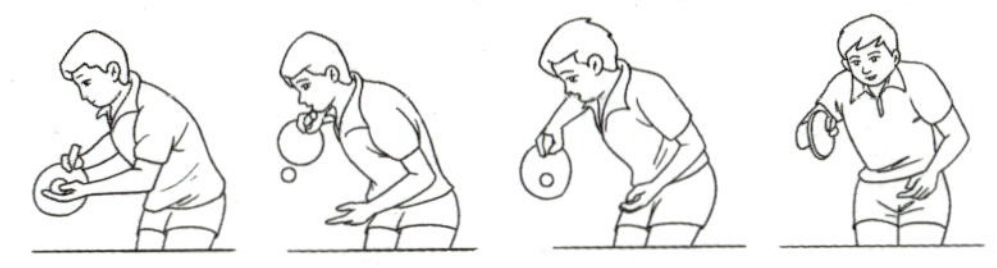

图 7-3 正手平击发球

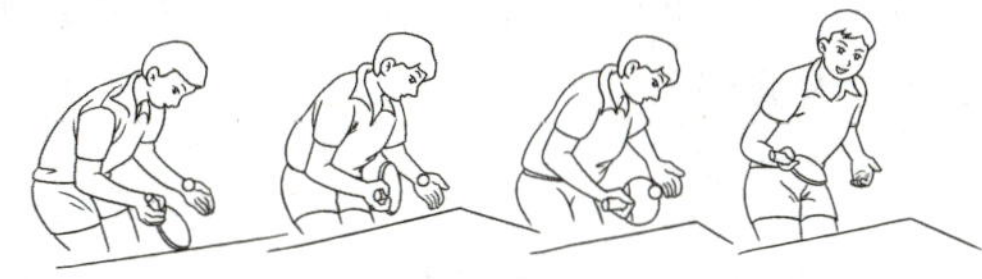

图 7-4 反手发轻短球

3. 发下旋球

发下旋球是指发加转球时执拍手的上臂带动前臂加速向前下方挥拍，前臂迅速旋内；

拍面后仰较大，由球的中下部后向底部摩擦击球。如图 7-5 所示。

图 7-5　发下旋球

4. 高抛发球

高抛发球是指发球者先将球抛至空中，高度为 2～3 m，待下落到一定高度时击球。挥拍时上臂外展的幅度较大，要借助转腰和蹬地的力量。由于抛球高度大，球体下落时的重力加速度骤增。高抛球具有球速快、旋转强、时间差明显等特点。

（四）常用击球方法

1. 推挡球

推挡球包括挡球、快推、快拨和加力推等多种方法，下面介绍常用的两种。

（1）挡球是指前臂与台面平行伸向来球。球拍触球时前臂和手腕稍向前移动，拍面接近垂直，并在来球的上升期击球的中部，如图 7-6 所示。

（2）快推是指引拍时肘关节靠近身体右侧，前臂与台面平行，将球拍后引至左腹前，拍面垂直；击球时前臂和手腕迅速前伸，食指用力，拇指放松使拍面稍前倾，并在上升期击球的中上部。如图 7-7 所示。

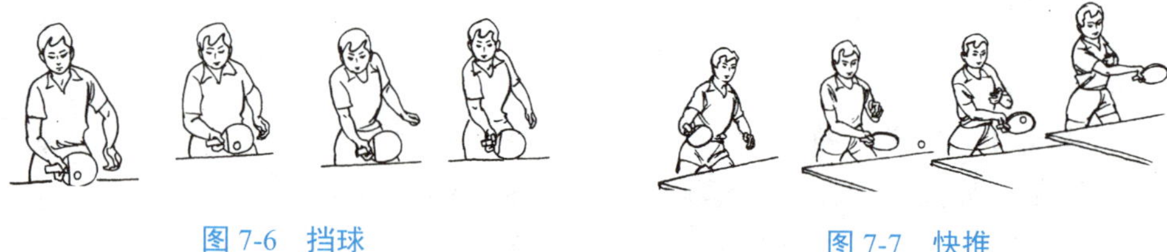

图 7-6　挡球　　　　图 7-7　快推

2. 搓球

搓球是近台还击下旋球的一种技术，指球拍在体前，击球时上臂前伸，拍面稍后仰，利用上臂前伸和外旋的力量，将球拍向前下方送出，在来球的下降期摩擦球的中下部，如图 7-8 所示。

3. 攻球

攻球是指当来球将落至台面时前臂外展，将球拍后引至身体右侧稍后，当来球从台面弹起时，上臂带动前臂向左前上方快速挥动，并配合前臂内旋动作将拍形前倾，在上升期击球的中上部，如图 7-9 所示。

图 7-8　搓球

图 7-9　攻球

4．弧圈球

弧圈球是指执拍手沉肩垂臂，引拍至身体后下方，大臂带动前臂向前上方挥拍，逐渐加快挥拍速度；拍触球时，右脚蹬地转体向左侧转动，迅速收缩前臂，发力要以腰、手为主，在来球下降期击球的中部或中上部。如图 7-10 所示。

图 7-10　弧圈球

三、基本战术

（1）推攻战术：指运用正手攻球和反手推挡的速度和力量，并结合落点变化和节奏变化来压制和调动对方，以争取主动或得分。

（2）两面攻战术：指利用正、反手攻球技术的速度和力量压制对方，以争取主动或创造扣杀机会。

（3）拉攻战术：指连续运用正手快拉创造进攻机会，然后采用突击和扣杀来得分。拉攻战术是快攻打法对付削球类打法的主要战术。

（4）拉、扣、吊结合战术：由拉攻与放短球相结合而成，是快攻型打法对付削球打法的常用战术。

（5）搓攻战术：指运用“转、低、快、变”的搓球控制对方，以寻找战机，然后采用低突、快点或拉攻等技术展开攻势，并进入连续进攻。

（6）发球抢攻战术：指利用球的旋转、线路、落点和速度等要素来增加对方回击的难度，使其出现机会球，或降低回球质量，然后抢先进攻，以争取主动或直接得分。

四、比赛规则

（一）场地与器材

标准的乒乓球台由两块组成，每块长 137 cm，台面宽为 152.5 cm，球台与地面距离是 76 cm。台面颜色通常为海蓝色或墨绿色。中间球网的长度是 183 cm，高度是 15.25 cm。乒乓球拍由底板、胶皮和海绵三部分组成。乒乓球呈白色、黄色或橙色，表面无光泽。

（二）发球和击球

（1）发球：发球员须用手将球几乎垂直地向上抛起，不得使球旋转，球的上升高度不少于 16 cm。当球从抛起的最高点下降时，方可击球，使球首先触及本方台区，然后越过或绕过球网装置，再触及接发球员的台区。

（2）击球：对方发球或还击后，本方运动员必须击球，使球直接越过或绕过球网装置，或触及球网装置后，再触及对方台区。

（三）失分

球没有触及对方台区而越过对方台区的端线；球未过网或出现连击；运动员使球台移动或触及球网装置；未执拍手触及台面；双打运动员击球次序错误。

（四）一局和一场比赛

在一局比赛中，先得 11 分的一方为胜方；10 平后，先多得 2 分的一方为胜方；在一场比赛中，单打淘汰赛采用七局四胜制，双打淘汰赛和团体赛采用五局三胜制。

（五）发球次序

在一局比赛中每一方运动员连续发两个球后，就换发球。比分打到 10 平或执行轮换发球法时，每得 1 分就换发球。在双打比赛时发球和接发球次序不变，但每个运动员每次轮发两个球。

第二节　羽毛球运动

一、羽毛球运动概述

现代羽毛球运动诞生于英国，由网球派生而来。它简单易学，设备简单，适合男女老幼，运动量可根据个人年龄、体质、运动水平和场地环境而灵活设定。羽毛球运动的比赛项目有男女单打、男女双打、男女团体和男女混双等。汤姆斯杯赛、尤伯杯赛、苏迪曼杯和全英羽毛球锦标赛等是羽毛球比赛中的大赛事。

二、基本技术

（一）握拍方法

握拍方法有正手握拍和反手握拍两种，如图 7-11 所示（拍面与地面垂直）。

图 7-11　正手握拍法与反手握拍法

正手握拍法是指虎口对着拍柄窄面的小棱边，拇指和食指贴在拍柄的两个宽面上，食指和中指稍分开，中指、无名指和小指并拢握住拍柄。

反手握拍法是在正手握拍的基础上，拇指和食指稍向外转。

（二）基本步法

1. 上网步法

上网步法是完成上网搓球、推球、勾球、扑球及挑球的步法，包括蹬跨步上网［见图 7-12（a）］、垫步加蹬跨步上网［见图 7-12（b）］、交叉步加蹬跨步上网［见图 7-12（c）］等。

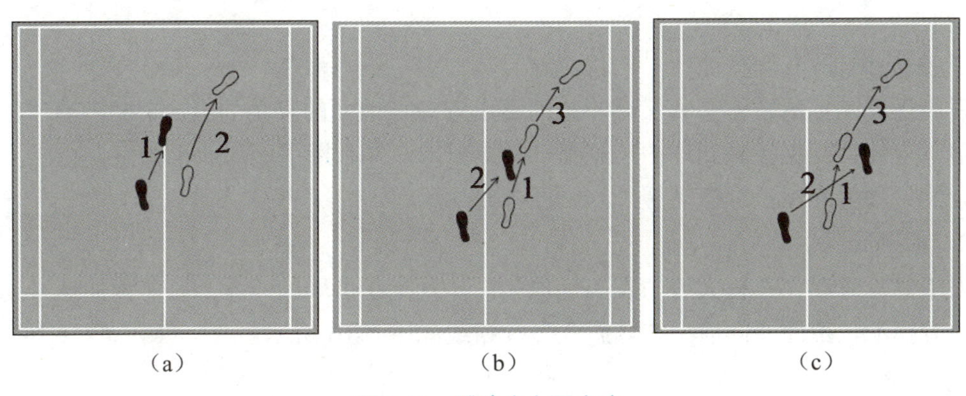

图 7-12　蹬跨步上网步法

2. 后退步法

后退步法是指从中心位置后退到底线的步法，包括侧身后退一步步法［见图 7-13（a）］、侧身并步后退步法［见图 7-13（b）］、交叉步后退步法［见图 7-13（c）］等，一般用于后退回击高球、吊球、杀球、后场抽球等情况。

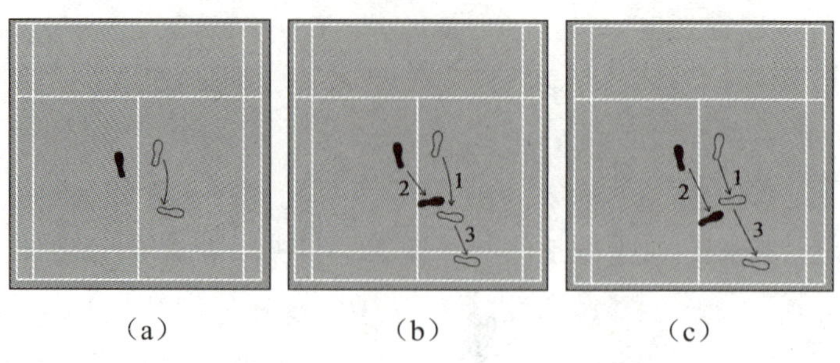

（a）　　（b）　　（c）

图 7-13　正手后退步法

3. 两侧移动步法

两侧移动步法是指从中心位置向左、右两侧边线移动的步法，包括向右侧蹬跨步［见图 7-14（a）］、向右并步加蹬跨步［见图 7-14（b）］、向左蹬转跨步［见图 7-14（c）］、向左垫步加蹬转跨步［见图 7-14（d）］等，一般用于中场接球、扣杀球或起跳突击等情况。

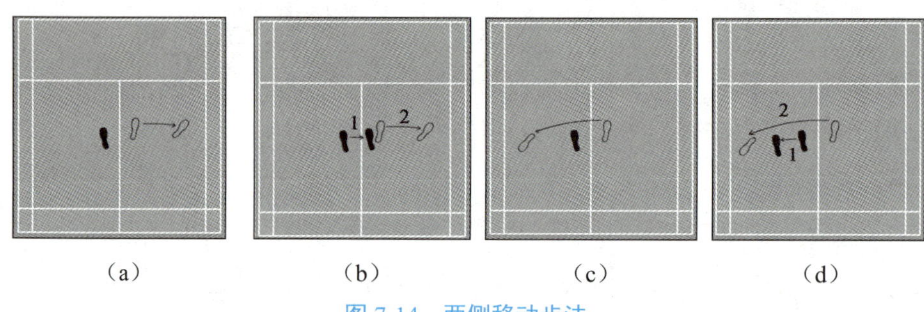

（a）　　（b）　　（c）　　（d）

图 7-14　两侧移动步法

（三）发球方法

1. 发高远球

发高远球是把球发得又高又远，球的飞出方向与地面的夹角要大于 45°。当球落到右臂向前下方伸直能够接触到球的一刹那，紧握球拍，并利用手腕屈收的力量向前上方发力击球，然后顺势向左上方挥动缓冲，如图 7-15 所示。

2. 发平高球

发平高球时动作过程大致与发高远球相同，只是在击球的一刹那，前臂加速带动手腕向前上方挥动，拍面要向前上方倾斜，飞行路线如图 7-16 所示。

图 7-15　正手发高远球

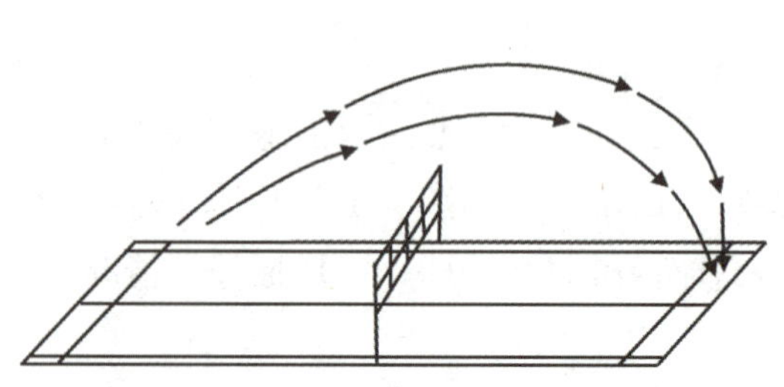

图 7-16　高远球与平高球运动轨迹

3．发网前球

网前球是指球刚好越网而过，落在发球线附近的球。正手发网前球时，上臂动作要小，主要靠前臂带动手腕向前切送；反手发网前球时，球拍触球时拍面应呈切削状，手腕柔和发力，由后向前推送击球。如图 7-17 所示。

图 7-17　正手、反手发网前球

（四）击球方法

1．击高远球

击高远球时，在球落至额前上方击球点时上臂往右上方抬起，前臂自然后摆，手腕尽量后伸；前臂急速内旋，往前上方挥动，手腕发力击球的后部。如图 7-18 所示。

羽毛球高远球和扣杀球演示

2．击平高球

击平高球与击高远球的动作类似，只是在击球的一刹那，手腕是向前用力而不是向前上方用力。

3．击吊球

击吊球时，在球下落到接近击球点高度时，右腿开始蹲伸，身体由右向左转动；腰腹协调用力，上臂带动前臂，利用伸肘关节、前臂旋内和曲腕的力量，向前下方轻击来球。如图 7-19 所示。

图 7-18　正手击高远球　　图 7-19　正手吊球

4．击挑球

挑球是把对方击来的吊球或网前球挑高回击到对方后场去。击挑球球时球拍后引，以肘关节为轴，曲臂内旋，握紧球拍，用食指及手腕的力量将球向前上方击出，如图 7-20 所示。

图 7-20　正手挑球

5．击扣杀球

击扣杀球时，快速后退，向上引拍；在球开始下落时靠脚尖蹬地的力量起跳，击球时充分利用腰腹力量，以大小臂带动手腕快速下扣。如图 7-21 所示。

图 7-21　扣杀球

三、基本战术

（1）发球抢攻战术：从发球的第一拍起，争取控制对方，以攻杀得分。这种战术一般为发网前低球结合平快球、平高球，争取第三拍主动进攻。

（2）攻后场战术：此战术是通过击高球、重复压对方的底线两角，造成对方被动，然后寻找机会进攻。

（3）攻前场战术：对网前技术较差的对手，可运用此战术先将其吸引到网前，然后再攻击其后场。要采用此战术，自己首先要有较好的网前击球技术。

（4）杀、吊上网战术：对对手打来的后场高球，本方先以杀球配合吊球把球下压，落点选在场区的两条边线附近，致使对手被动回球。

（5）打对角线战术：对付身体灵活性差、转体较慢的对手，不论是进攻还是防守，均应以打对角线球为主。

四、比赛规则

（一）场地

羽毛球运动场长为 13.40 m，单打场地宽为 5.18 m，双打场地宽为 6.10 m。球场四周 2 m 以内、上空 9 m 以内不得有任何障碍物，如图 7-22 所示。

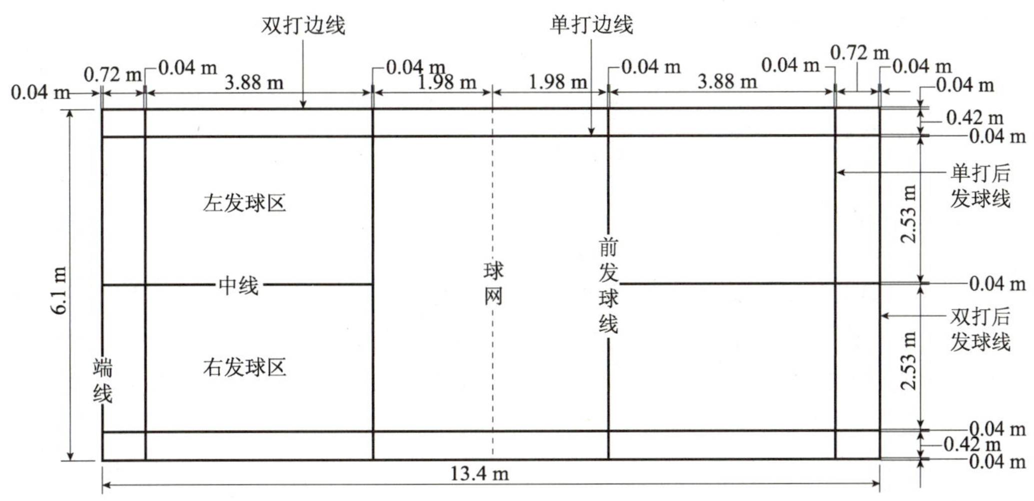

图 7-22　羽毛球运动场地

（二）发球、接发球和场区选择

开始时，双方应掷挑边器，获胜方选择先发球或先接发球，以及场区。

在单打比赛中，当发球员的分数为 0 或双数时，双方运动员均应在各自的右发球区发球或接发球；当发球员的分数为单数时，双方运动员均应在各自的左发球区发球或接发球。一回合中，球应由发球员和接球员交替从各自所在场地一边的任何位置击出，直至成死球为止。

在双打比赛中，当发球方的分数为 0 或双数时，发球方均应从右发球区发球；当发球方的分数为单数时，发球方均应从左发球区发球。接发球方上一回合最后一次发球的运动员应在原发球区接发球。其同伴接发球的站位则与其相反。接发球员应是站在发球员斜对角发球区的运动员。发球方每得一分后，原发球员则变换发球区再发球。

每局比赛的发球权必须按如下顺序传递：首先是发球员从右发球区发球，其次是首先接发球员的同伴从左发球区发球，然后是首先发球员的同伴，接着是首先接发球员，再接着是首先发球员，如此传递。一局胜方的任一运动员可在下一局先发球；一局负方的任一运动员可在下一局先接发球。

（三）计分方法

除非另有规定，一场比赛应以三局两胜定胜负，率先得到 21 分的一方赢得当局比赛，如果双方比分打成 20 比 20，获胜一方需超过对手 2 分才算取胜，如果双方比分打成 29 比 29，则率先得到第 30 分的一方取胜。首局获胜一方在接下来的一局比赛中率先发球。对方“违例”或球触及对方场区内的地面成死球，则该方胜这一回合并得 1 分。

第三节　网球运动

一、网球运动概述

网球是一项优美而激烈的运动，能够充分施展个性，放松身心。网球运动的比赛项目有男子单打、女子单打、男子双打、女子双打、混合双打、男子团体和女子团体等。世界上最著名的网球赛事是温布尔登网球锦标赛、美国网球公开赛、法国网球公开赛和澳大利亚网球公开赛。

二、基本技术

（一）握拍方法

网球拍有三种基本的握拍方式，即东方式、西方式和大陆式。为了能够更加直观地理解握拍的方法，这里用拍柄的平面图展示（此时拍面垂直于地面），如图 7-23 所示。

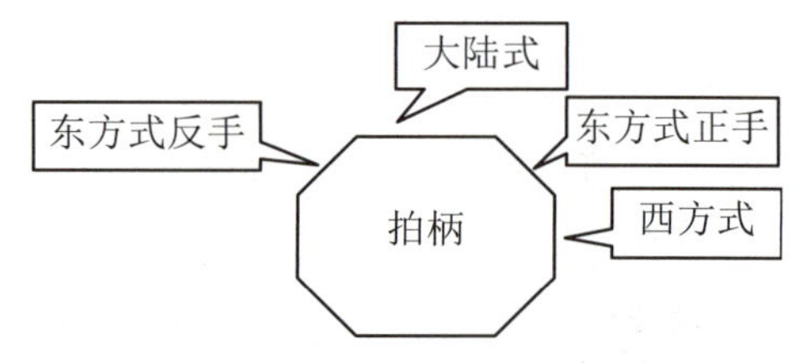

图 7-23　球拍握法示意图

1．东方式

东方式握拍法又称“握手式”握拍法，包括正手握拍和反手握拍。正手握拍时拇指与食指形成的“V”形虎口处在球拍的右上斜面；反手握拍法是在正手握拍法的基础上，虎口沿逆时针旋转两个平面，如图 7-24 所示。

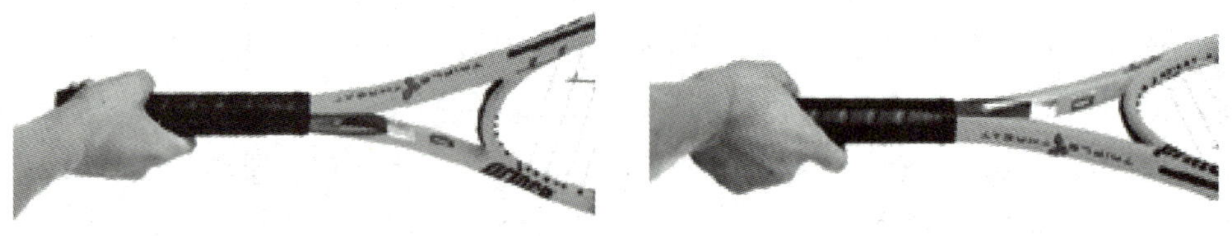

图 7-24　东方式正手和反手握拍方法

2．西方式

西方式握拍法又称“一把抓”，握拍时虎口处在拍柄的右平面，如图 7-25 所示。

3．大陆式

大陆式握拍法又称“握锤式”，握拍时虎口处在拍柄的上平面，如图 7-26 所示。

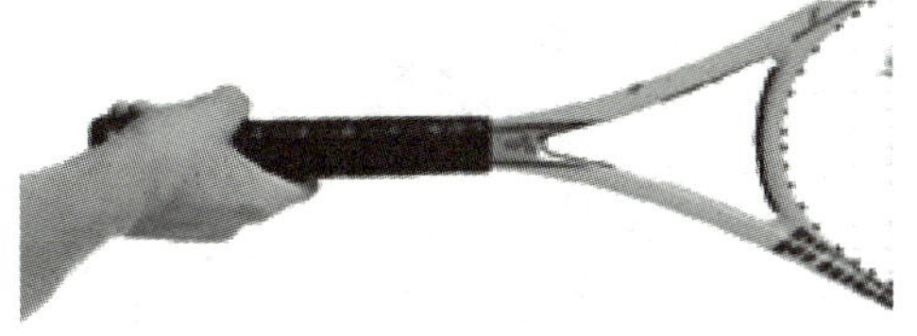

图 7-25 西方式握拍方法

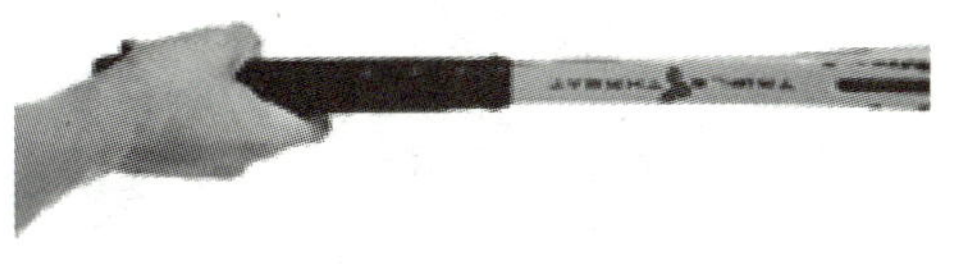

图 7-26 大陆式握拍方法

（二）站位姿势

1. 准备姿势

学习准备姿势是学习网球的第一阶段。在打网球的全过程中，球员将不断地反复摆出这个姿势。因此，找到一个舒服的准备姿势是很重要的。其中，正手握拍时的准备姿势如下：面对球网，双脚向前自然分开，双膝微屈身体略向前倾，重心落在双脚的前脚掌上，右手握拍，左手轻托拍颈，双肘微屈，球拍舒适地放在身前，拍面垂直于地面，拍头指向对方，两眼注视对方来球，做好击球准备，如图 7-27 所示。

网球入门

2. 挥拍动作

挥拍动作不是单纯的挥动球拍，而是一个从准备活动开始的连续完整的动作。挥拍动作由以下 6 个阶段组成。

准备姿势：身体、肩部等都要放松，如过于用力，将无法顺利进入挥拍动作。

后摆：可选择从上往下、直线、从下往上后摆。后摆动作要有充分的余地，最好是在来球刚过网时进行。不只是握拍手后摆，同时还要转体，如图 7-28 所示。

前挥：眼睛要盯住球，臂部要尽量伸展挥拍；注意不要仰头。如图 7-29 所示。

击球：手腕固定，保持拍面稳定，击球的一瞬间再猛力握，如图 7-30 所示。

随挥：动作幅度要大，且自然地停止用力，如图 7-31 所示。

回到准备姿势：随挥后的手臂平缓地收回到身体的中心，做好再次击球的准备。

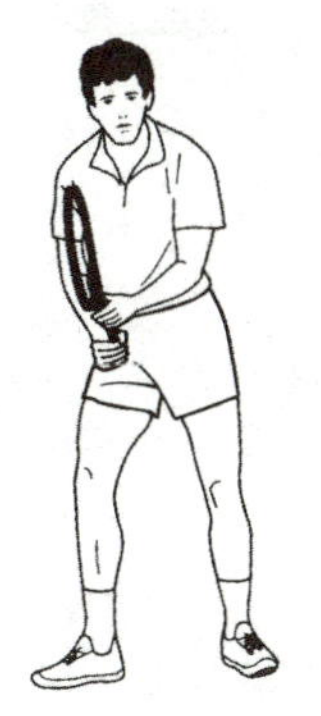

图 7-27 准备姿势

图 7-28 后摆

图 7-29 前挥

图 7-30　击球　　图 7-31　随挥

3．步伐

网球步伐包括封闭式步伐、开放式步伐和半开放式步伐等。

封闭式步伐是指右脚略向斜侧，左脚与来球方向平行，如图 7-32 所示。

开放式步伐是指后脚在身体后侧，来球时马上跟进，另一只脚相应前移，以保持平衡，如图 7-33 所示。

半开放式步伐是指后脚比来球飞行方向平行位置稍靠后，双脚间距较大，从而减轻上肢的压力，如图 7-34 所示。

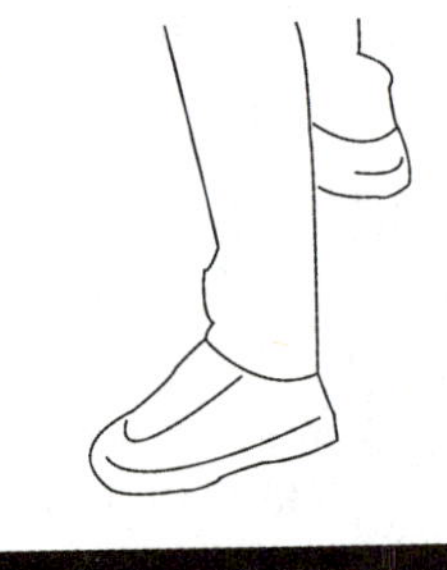

图 7-32　封闭式步伐

图 7-33　开放式步伐

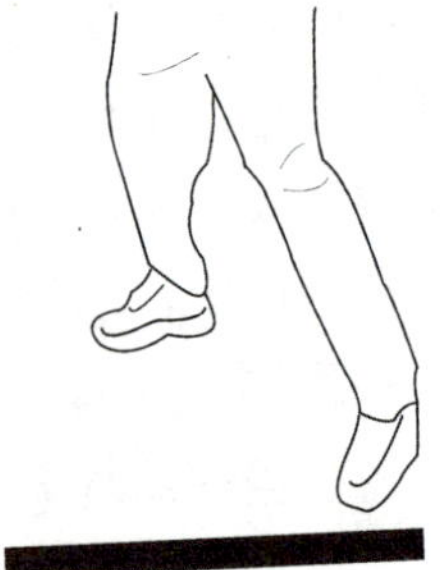

图 7-34　半开放式步伐

（三）常见发球方法

发球时多采用大陆式或东方式握拍方法，发球一般有平击发球、切削发球和旋转发球三种。

1．平击发球

平击发球的击球点应在右眼的前上方，是指发球时以拍面中心平直对准球，击球的后中上部，身体充分向上向前伸展，以获得最高击球点，提高发球命中率。

2. 切削发球

切削发球是指发球时把球抛到右侧斜上方，球拍快速从球的右上方往左下方切削击球。

3. 旋转发球

旋转发球是指发球时把球抛到头后偏左的位置，击球时身体后仰成弓形，球拍快速从左向右上方挥动，从下向上擦击球的背面，并向右带出，使球产生右侧上旋。

（四）常见击球方法

1. 正、反拍击球

（1）正拍击球是指来球时向右侧转体，同时带拍后引；右脚向右转与端线平行，左脚向右迈出，两脚成45°；来球距离1 m左右时以肩为轴，借助转腰、髋及蹬腿的力量，挥动手臂，以拍面的中心击球的中部。如图7-35所示。

图7-35　正拍击球

（2）反拍击球是指来球时向左侧转体，同时带拍后引；左脚向左转与端线平行，右脚向左前方迈出，握拍手腕回勾，肘关节弯曲并贴近身体；击球时转腰回身，重心前移，肘关节外展，挥拍由下向上至身体左前方。如图7-36所示。

图7-36　反拍击球

2. 截击球

截击球又称拦网，是指在来球落地之前凌空击回。截击球时后引拍动作不宜过大，击球点保持在身体前方约一臂处。击球时手腕固定，紧握球拍，拍面不要转动。

3. 高压球

高压球是指当自己上网、对方挑高球时在头部上空用扣杀动作还击来球。高压球的握拍方式和击球动作与发球相似，稍有不同的是由于对方击过来的球下落速度比发球时快，所以要以较小幅度的身体动作、较短而直接的后摆收拍完成击球动作。

4. 挑高球

挑高球是指使球高高地飞越球网，落入对方后场区域。当对方上网时可用挑高球迫使对方后退，为自己赢得回到场中有利位置的时间。击球时拍面朝上，由后下方向前上方平缓挥拍击球的中下部，动作要柔和，但手腕不能放松。

5. 放小球

放小球是指将球轻轻击到对方网前。击球时拍面稍开，动作柔和，击球的下部，使之产生下旋，并加以前推或上托动作，使球划过适当的弧线落在对方球场近网处，一般离网不超过 1.5 m。

三、基本战术

（一）发球、接发球战术

站在右区发球时，站位应靠近中点，发直线球来迫使对方反手接球；站在左区发球时，站位可以距中点稍远，这样便于以更大角度的发球发到对方反拍区，同时扩大自己正拍防守的区域。

接发球时，站位应距端线半米左右，最好站在对方可能发球范围的角分线上，这样可以压制对方，自己上网。

（二）上网战术和底线战术

上网战术是指在发球或接发球后，冲到离网较近的位置，不等对方回击的球落地便进行空中截击或高压的一种战术。上网时尽可能站在距离球网约 2 m 处，因为近网进攻威胁性大、封网角度小、防守控制面积大。

在底线击球时要利用整个场地，可以使用斜线对拉打法大范围调动对手，以争取时间，寻找有利的进攻时机。击球时用快速、准确、凶狠取胜对方。

四、比赛规则

（一）网球场

一片标准网球场地的占地面积不小于 36.6 m（长）×18.3 m（宽）。在这个面积内，有效网球运动场地是一个长方形，长为 23.77 m，单打场地宽为 8.23 m，双打场地宽为 10.97 m，如图 7-37 所示。

（二）发球规则

发球员应站在端线后，中点和边线的假定延长线之间的区域里。每局开始时从端线后的 A 位置开始发球，发出的球应落在对角的对方发球区有效范围内（右区）。当增加 1 分时，换到 B 位置发球，如图 7-38 所示。

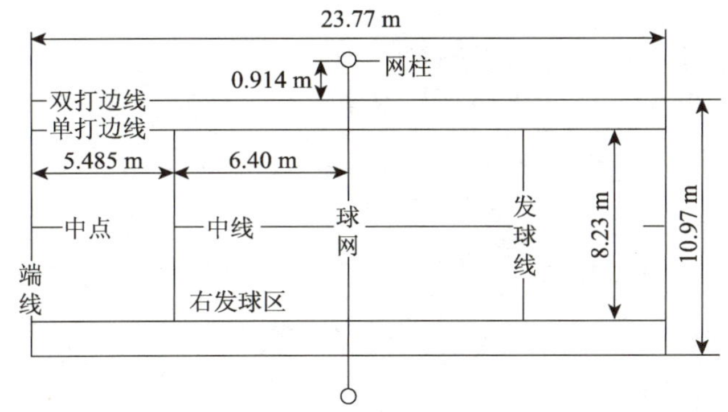

图 7-37　网球运动场地

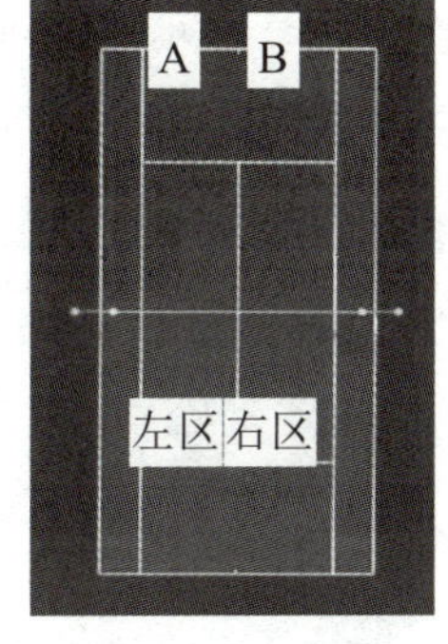

图 7-38　发球规则示意图

（三）计分方法

男子比赛一般采用五盘三胜制，女子比赛多采用三盘二胜制。

1. 得 1 分

本方得 1 分：发球员发出的球落地前触及接球员的身体或穿戴物。

对方得 1 分：发生下列任何一种情况，均判对方得分。

在球第二次着地前，未能还击过网；还击的球触及对方场区界线以外的地面、固定物或其他物体；还击空中球失败；故意用球拍触球超过一次；运动员的身体、球拍，在发球期间触及球网；过网击球；抛拍击球。

2. 胜 1 局

（1）每胜 1 球得 1 分，先胜 4 分者胜 1 局。

（2）双方各得 3 分时为“平分”，平分后，净胜 2 分为胜 1 局。

3. 胜 1 盘

（1）一方先胜 6 局为胜 1 盘。

（2）双方各胜 5 局时一方净胜两局为胜 1 盘。

（3）在每盘的局数为 6 平时有以下两种计分制。

① 长盘制：一方净胜两局为胜 1 盘。

② 短盘制（即抢七）：先得 7 分者胜该局及本盘。

健体铸魂

中国乒乓球再创佳绩

2021 年东京奥运会，中国乒乓球队不仅取得了 4 金 3 银的佳绩，还创造了男单四连冠、女单九连冠及男团、女团四连冠的新纪录。至此，中国乒乓球队在世界三大赛（奥运会、世界杯、世乒赛）上共斩获 200 多枚金牌，以傲人的战绩继续领跑世界乒坛。

国际乒乓球联合会终身名誉主席说：“我们经常说中国乒乓球队长盛不衰。事实上，我们也不是常胜将军。我们经历过低谷，也被人打败过，经过好多年努力才打了‘翻身仗’。不管是输是赢，我们始终都要总结经验与教训。”

曾经帮助中国队第一次捧起世乒赛男双和混双冠军的张燮林在回忆第 31 届世乒赛上的场景时，说：“当时，日本作为东道主，将混双比赛项目放在了第一场，观众席坐满了日本观众，但我们丝毫不受影响，最终拿下了第一枚金牌。”

第八章　健身运动

知识目标

- 掌握健美操的基本动作、套路和竞赛规则。
- 熟悉啦啦操的分类和基本要素。
- 掌握瑜伽的呼吸方法和瑜伽拜日式动作。

素质目标

- 在训练过程中磨炼意志，培养不怕苦、不怕累、顽强拼搏的精神，以及克服困难的勇气和毅力。
- 培养健康、高尚的审美观，提高鉴赏文化艺术的水平，在文化艺术的养分中得到熏陶。

第一节　健美操

一、健美操概述

健美操是一项以有氧运动为基础，以健、力、美为特征，融体操、舞蹈、音乐为一体的身体练习。它既是健身美体、陶冶情操的大众健身方式，又是竞技运动的一个项目，如图 8-1 所示。健美操以其自身固有的价值和魅力，风靡全世界，深受广大青年学生及群众的喜爱。

目前，健美操种类繁多，分类方法也各不相同。根据健美操的目的和任务，可以将其分为健身健美操和竞技健美操两大类。健身健美操以健身为目的，旨在全面活动身体和发展身体；竞技健美操则以竞技为目的，有特定的比赛规则和评分方法，对人的身体素质、技术技能和艺术表现力有较高的要求。

图 8-1　健美操

二、基本动作

健美操基本动作练习是按照人体生理解剖结构分部位进行练习，因此可以有重点地、系统地改善和发展身体的各个部位。掌握基本动作就可以为尽快地掌握复杂动作和成套动作打好基础。

（一）手形

健美操的基本手形包括以下几种。

（1）五指并拢式：五指伸直，相互并拢，如图 8-2（a）所示。

（2）五指分开式：五指用力伸直，充分张开，如图 8-2（b）所示。

（3）西班牙舞手势：手指用力，小指、无名指、中指至掌指关节处依次错落，拇指稍内扣，如图 8-2（c）所示。

（4）芭蕾手势：五指微屈，后三指并拢，稍内收，拇指内扣，如图 8-2（d）所示。

（5）拳式：握拳，拇指在外，如图 8-2（e）所示。

（6）推掌式：手掌用力上翘，五指自然弯曲，如图 8-2（f）所示。

（7）一指式：握拳，食指伸直或拇指伸直，如图 8-2（g）所示。

（8）响指：拇指与中指摩擦，做打响指状，无名指、小指屈握，如图 8-2（h）所示。

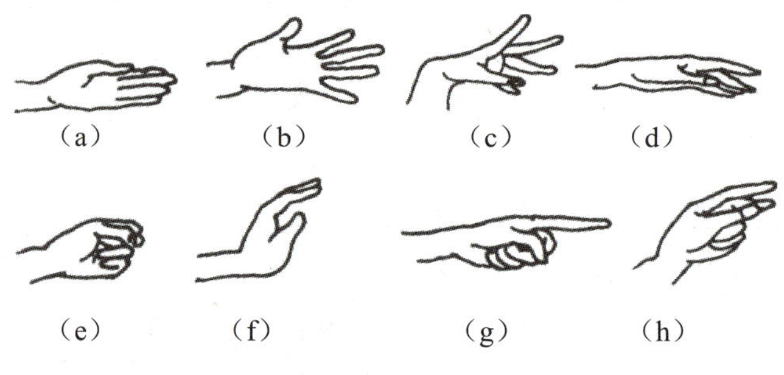

图 8-2　手形

（二）身体各部位基本动作

1. 头、颈部动作

头、颈部动作由屈、转、绕和绕环等动作组成。

（1）屈：指头颈关节弯曲，包括前、后、左、右屈。

（2）转：指头颈部绕身体垂直轴转动，包括左、右转。

（3）绕和绕环：指头以颈为轴心做弧形和圆形运动，包括左、右绕和左、右绕环。

动作要求：做各种形式头颈动作时速度要慢，上体挺直，头颈移动的方向要准确，颈部被动肌群充分伸展。

2．肩部动作

肩部动作由提肩、沉肩、绕肩、肩绕环和振肩等动作组成。

（1）提肩：指肩胛骨向上运动，包括单肩、双肩同时提和依次提。

（2）沉肩：指肩胛骨向下运动，包括单肩、双肩同时沉和依次沉。

（3）绕肩：指以肩关节为轴做小于 360°的弧形运动，包括单肩向前、后绕，双肩同时或依次向前、后绕。

（4）肩绕环：指以肩关节为轴做 360°及 360°以上的圆形运动，包括单肩向前、后绕环，双肩同时或依次向前、后绕环。

（5）振肩：指固定上体，肩急速向前或向后摆动，包括双肩同时前、后振和依次前、后振。

动作要求如下。

（1）提肩时尽力向上，沉肩时尽力向下，动作幅度大而有力。

（2）绕肩时上体不能摆动，两臂放松，头颈不能前探；动作连贯，速度均匀，幅度大。

（3）振肩动作要有速度、力度和弹性。

3．上肢（手臂）动作

上肢（手臂）动作由举、屈、摆、绕、绕环、振和旋等动作组成。

（1）举：指以肩为轴，臂的活动范围不超过 180°而停止在某一部位的动作，包括单臂和双臂的前、后、侧举，以及不同中间方向的举（如侧上举、侧下举等）。

（2）屈：指肘关节产生了一定的弯曲角度，如图 8-3 所示。

图 8-3　屈臂

（a）胸前屈；（b）胸前平屈；（c）肩侧屈；（d）肩上侧屈；（e）肩下侧屈；（f）肩上前屈；（g）腰间屈；（h）头后屈

（3）摆：指以肩或肘关节为轴，向身体各方向做钟摆式运动，如图 8-4 所示，包括单臂和双臂同时或依次向前、后、左、右摆。

（4）绕：指双臂或单臂向内、外、前、后做 180°以上 360°以下的弧形运动。图 8-5 所示为双臂向内外绕。

图 8-4　单臂左右摆　　图 8-5　双臂向内外绕

（5）绕环：指以肩关节为轴，双臂或单臂做 360°及 360°以上的圆形运动，包括向前、向后、向内的绕环。图 8-6 所示为单臂前后绕环和双臂前后绕环。

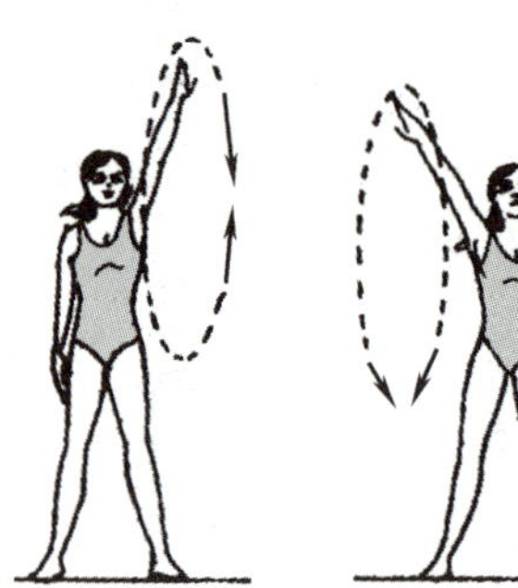

图 8-6　单臂前后绕环和双臂前后绕环

（6）振：指以肩为轴，手臂用力摆至最大幅度，包括侧举后振［见图 8-7（a)]、上举后振［见图 8-7（b)］和下举后振［见图 8-7（c)]。

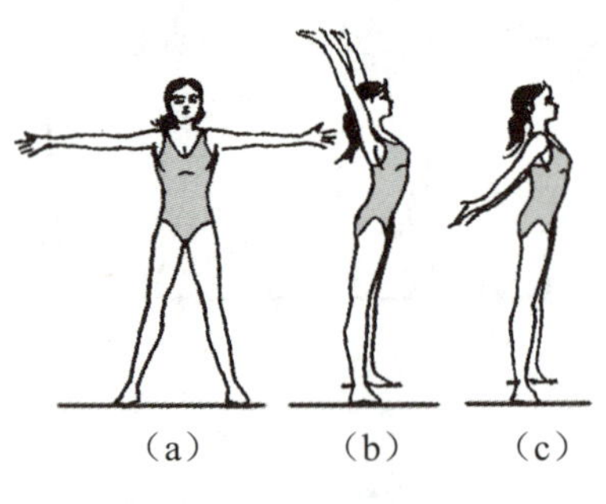

图 8-7　振臂

（7）旋：指以肩或肘为轴做臂的内旋或外旋动作，如图 8-8 所示。

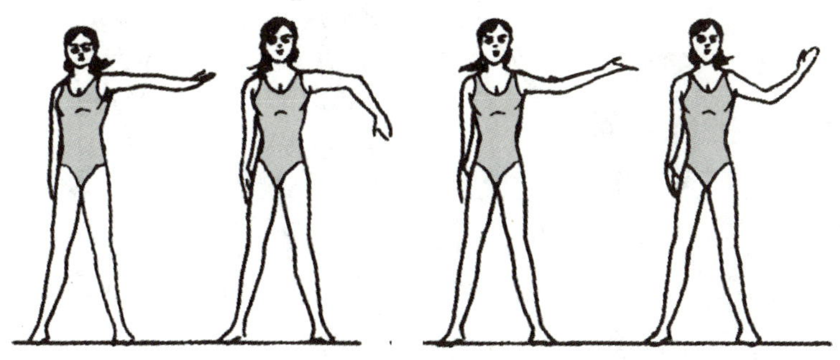

图 8-8　内旋和外旋

动作要求如下。

（1）做臂的举、屈伸动作时，肩要下沉。

（2）做臂的摆动动作时，起与落要保持弧形。

（3）保持上体端正，手臂的位置准确，动作幅度要大，力达身体最远端。

4．胸部动作

胸部动作由含胸、展胸和移胸等动作组成。

（1）含胸：指两肩内合，缩小胸腔，如图 8-9（a）所示。

（2）展胸：指两肩外展，扩大胸腔，如图 8-9（b）所示。

（3）移胸：指髋部固定，胸向左、右水平移动，如图 8-9（c）所示。

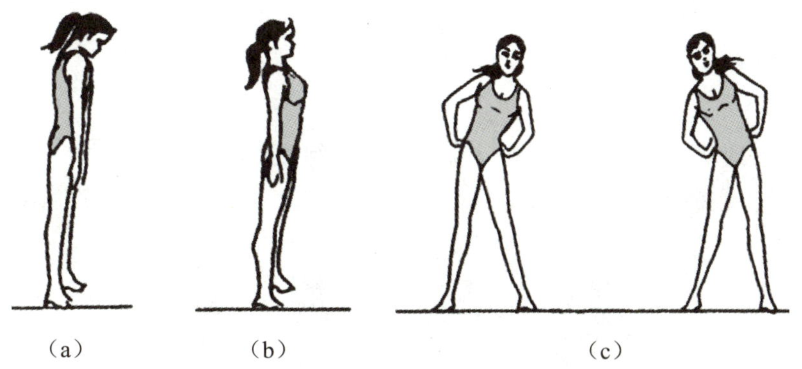

图 8-9　胸部动作

动作要求：练习时，收腹、立腰。含、展、移胸要达到最大幅度。

5．腰部动作

腰部动作由屈、转、绕和绕环等动作组成。

（1）屈：指下肢固定，上体沿矢状轴和水平轴运动，包括前后、左右屈，如图 8-10 所示。

图 8-10　前后、左右屈腰

（2）转：指下肢固定，上体沿垂直轴扭转，包括左右转，如图 8-11 所示。

（3）绕和绕环：指下肢固定，上体沿垂直轴做弧形和圆形运动，包括左、右绕和绕环，如图 8-12 所示。

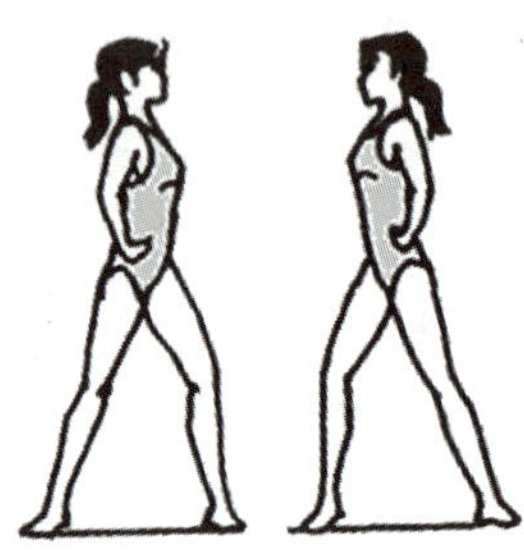

图 8-11　左右转腰

图 8-12　绕和绕环

动作要求如下。

（1）练习时身体远端尽力向外延伸，绕环幅度要大，动作要充分而连贯，速度尽量放慢。

（2）做腰前屈、转动作时，上体挺直。

6．髋部动作

髋部动作由顶髋、提髋、绕髋和髋绕环等动作组成。

（1）顶髋：指髋关节急速地水平移动，包括前后、左右顶髋，如图 8-13 所示。

图 8-13　前后、左右顶髋

（2）提髋：指髋关节急速向一侧上提，包括左右提髋，如图 8-14 所示。

（3）绕髋和髋绕环：指髋关节做弧形、圆形移动，包括向左、右绕和绕环，如图 8-15

所示。

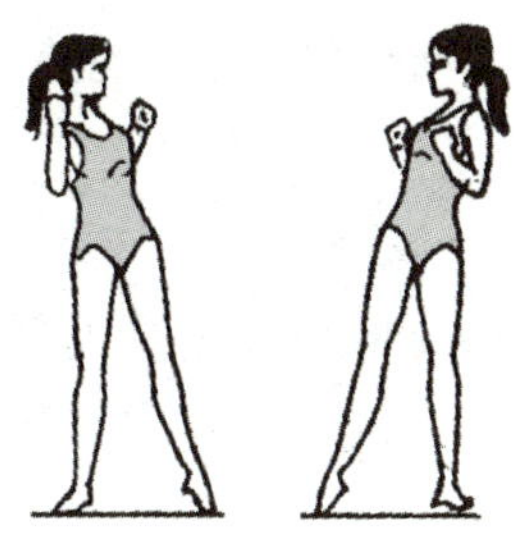
图 8-14　左右提髋

图 8-15　绕髋和髋绕环

动作要求：做髋关节的顶、提、绕和绕环动作时，动作应平稳、柔和、协调，稍带弹性，上体要放松。

7．下肢动作

下肢动作由滚动步、交叉步、跑跳步、并腿跳和侧摆腿跳等动作组成。

（1）滚动步：两脚同时交替做由前脚尖至全掌依次落地动作，如图 8-16（a）所示。

（2）交叉步：一脚向另一脚前或后交叉行进，如图 8-16（b）所示。

（3）跑跳步：两脚交替进行，跑后支撑阶段有一次跳的过程，如图 8-16（c）所示。

（4）并腿跳：双腿并拢，直膝或曲膝跳，如图 8-16（d）所示。

（5）侧摆腿跳：单腿跳起同时另一腿向外侧摆动，如图 8-16（e）所示。

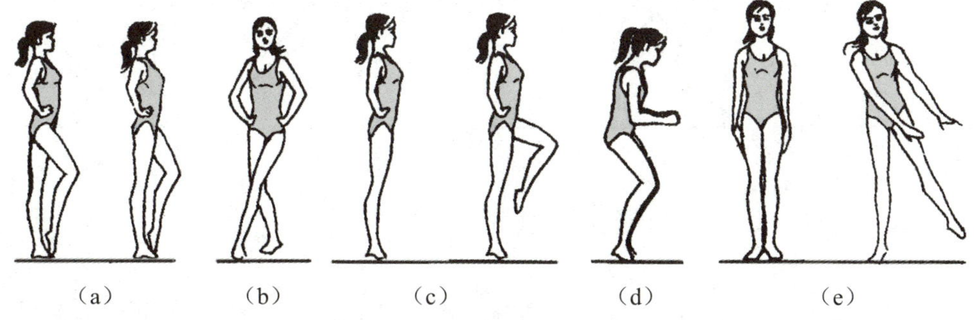

图 8-16　下肢动作

动作要求：跳跃时要轻松自如，动作要有弹性，注意配合呼吸。

（三）健美操规则规定的 7 个基本步伐

国际体操联合会健美操委员会出版的《竞技性健美操规则》中把健美操的步伐分为以下 7 大类：踏步、开合跳、吸腿跳、踢腿跳、弓步跳、弹踢腿跳和后踢腿跳。

（1）踏步：两脚交替不间断地做曲膝上提然后踏地的动作，包括脚尖不离地的踏步、脚离地的踏步和高抬腿的大幅度踏步，如图 8-17（a）所示。

（2）开合跳：并腿跳至开立，分腿跳至并立，如图 8-17（b）所示。

（3）吸腿跳：单腿跳起，同时另一腿曲膝向前、向一侧上提，如图 8-17（c）所示。

（4）踢腿跳：单腿跳起，同时另一腿直腿向前、向一侧踢出，包括小幅度和大幅度的踢腿，如图 8-17（d）所示。

（5）弓步跳：并腿跳起，落地时形成前（侧、后）弓步，如图 8-17（e）所示。

（6）弹踢腿跳：单腿跳起，同时另一腿曲膝向前、向一侧弹踢，如图 8-17（f）所示。

（7）后踢腿跳：两脚交替有短暂腾空过程（类似跑步），小腿向后屈，如图 8-17（g）所示。

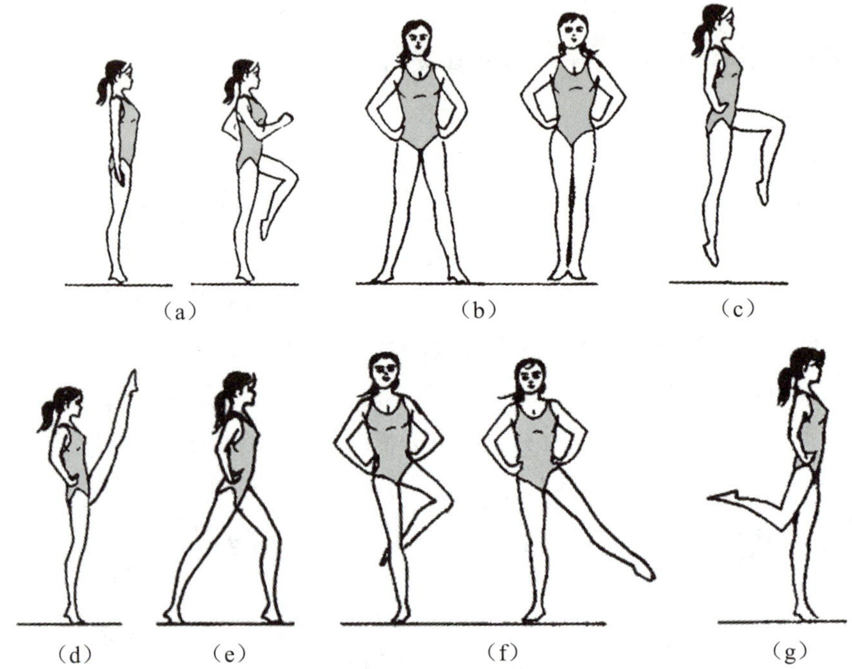

图 8-17　健美操基本步伐

动作要求如下。

（1）踏步：落地时，由脚尖过渡到脚跟着地；曲膝时，胯微收。两臂前后自然摆动。

（2）开合跳：分腿时，两腿自然外开，膝关节沿脚尖方向弯曲；跳起与落地时，曲膝缓冲。

（3）吸腿跳：大腿用力上提，小腿自然下垂。

（4）踢腿跳：踢腿时，须加速用力，上体挺直，立腰。

（5）弓步跳：跳成弓步时，把握住身体重心。

（6）弹踢腿跳：大腿抬起至一定角度后，小腿自然伸直，膝关节稍有控制。

（7）后踢腿跳：髋和膝在一条线上，小腿叠于大腿。

三、套路

套路示例：第三套全国健美操大众锻炼标准成人一级规定动作。

（一）组合一

组合一第一节动作如表 8-1 和图 8-18 所示。

表 8-1　组合一第一节动作要领

节拍		下肢动作	上肢动作
预备姿势		站立	
一	1～8 拍	从右脚开始，做 2 次一字步	1～2 拍双臂胸前屈，3～4 拍双臂后摆，5 拍双臂胸前屈，6 拍双臂上举，7 拍双臂胸前屈，8 拍双臂放于体侧

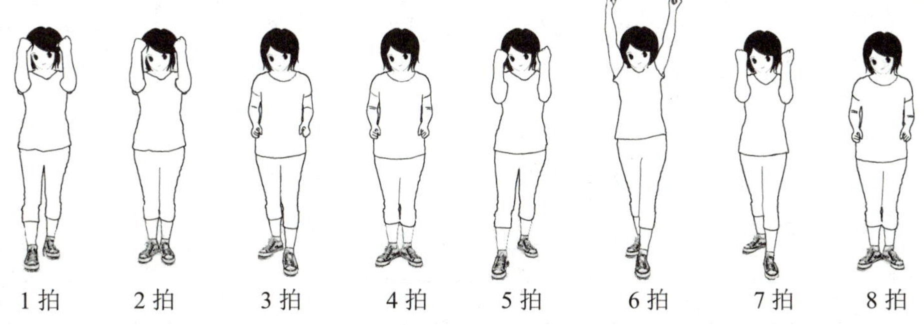

图 8-18　组合一第一节动作示意图

组合一第二节动作如表 8-2 和图 8-19 所示。

表 8-2　组合一第二节动作要领

节拍		下肢动作	上肢动作
二	1～4 拍	从右脚开始，向前走 3 步，吸腿	1～3 拍双臂经前举后摆至肩侧屈，4 拍击掌
	5～8 拍	从左脚开始，向后退 3 步，吸腿	手臂同 1～4 拍

第三套全国健美操大众锻炼标准成人一级

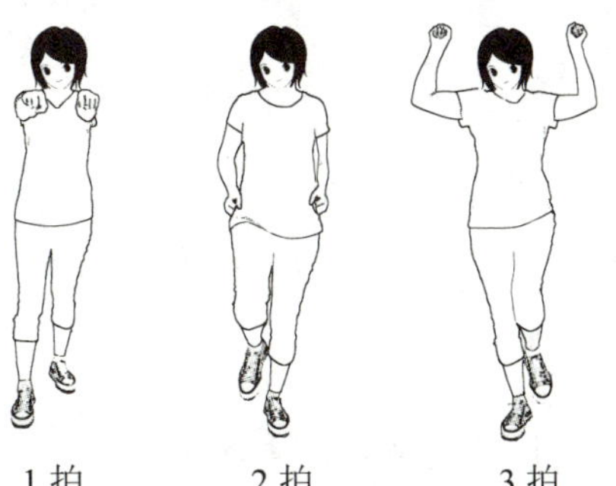

图 8-19　组合一第二节动作示意图

组合一第三节动作如表 8-3 和图 8-20 所示。

表 8-3　组合一第三节动作要领

节拍		下肢动作	上肢动作
三	1～4 拍	从右脚开始，做 2 次侧并步	1 拍右臂肩侧屈，2 拍右臂还原，3 拍左臂肩侧屈，4 拍左臂还原
	5～8 拍	从右脚开始，向一侧连续并步 2 次	5 拍双臂胸前平屈，6 拍双臂还原，7～8 拍同 5～6 拍动作

图 8-20　组合一第三节动作示意图

组合一第四节动作如表 8-4 和图 8-21 所示。

表 8-4　组合一第四节动作要领

节拍		下肢动作	上肢动作
四	1～4 拍	左脚做十字步	双臂自然摆动
	5～8 拍	从左脚开始，踏步 4 次	5 拍击掌，6 拍还原，7～8 拍同 5～6 拍动作

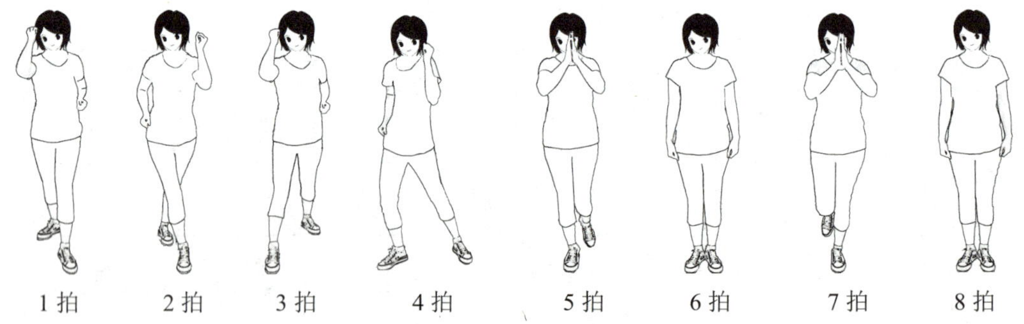

图 8-21　组合一第四节动作示意图

第五至八节动作同第一至四节，但方向相反。

（二）组合二

组合二第一节动作如表 8-5 和图 8-22 所示。

表 8-5　组合二第一节动作要领

节拍		下肢动作	上肢动作
一	1～8 拍	从右脚开始，前点地 4 次	1 拍双臂曲臂右摆，2 拍还原，3 拍双臂曲臂左摆，4 拍还原，5 拍右臂摆至侧上举、左臂胸前平屈，6 拍还原，7～8 拍同 5～6 拍动作，但方向相反

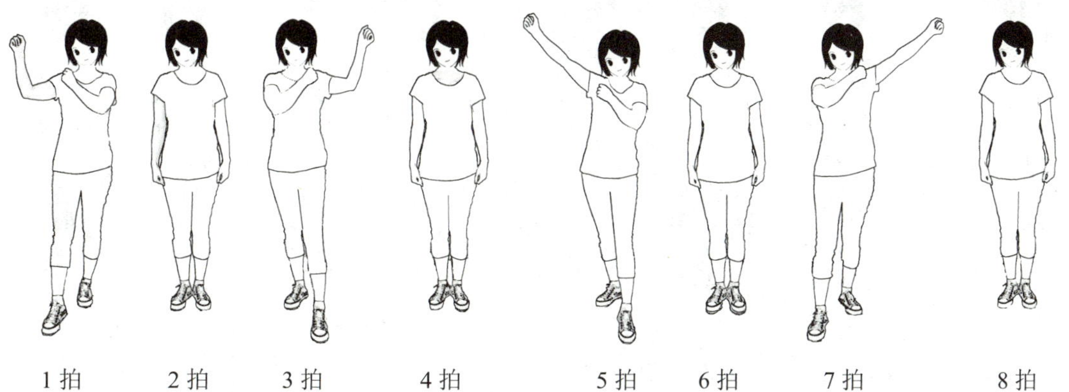

图 8-22　组合二第一节动作示意图

组合二第二节动作如表 8-6 和图 8-23 所示。

表 8-6　组合二第二节动作要领

节拍		下肢动作	上肢动作
二	1～4 拍	从右脚开始，向右弧形走 270°	双臂自然摆动
	5～8 拍	并腿半蹲 2 次	5 拍双臂前举，6 拍右臂胸前平屈（上体右转），7 拍双臂前举，8 拍放于体侧

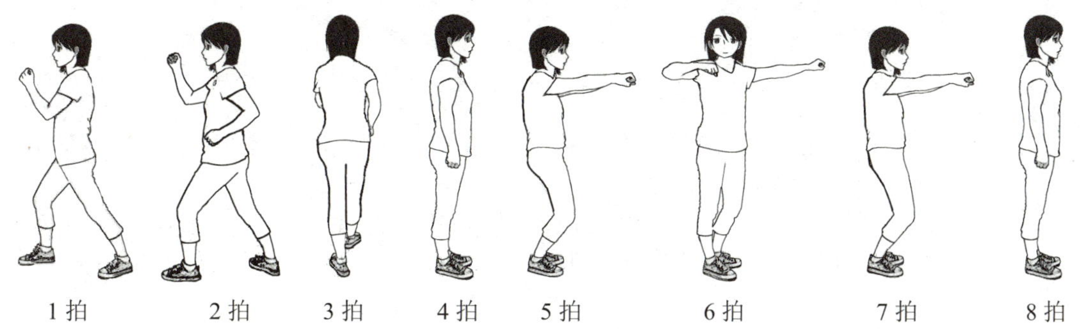

图 8-23　组合二第二节动作示意图

组合二第三节动作如表 8-7 和图 8-24 所示。

表 8-7　组合二第三节动作要领

节拍		下肢动作	上肢动作
三	1～8 拍	1～4 拍左脚上步，吸腿，右转体 90°；5～8 拍右脚上步，吸腿	1 拍双臂前举，2 拍曲臂后拉，3 拍前举，4 拍还原，5～8 拍同 1～4 拍动作

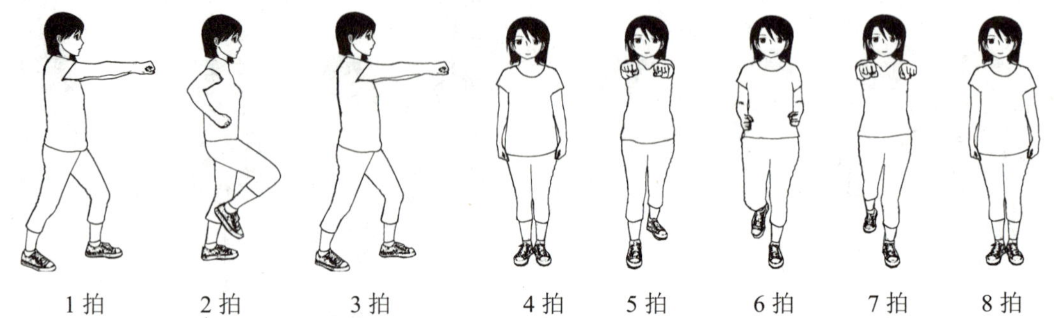

图 8-24　组合二第三节动作示意图

组合二第四节动作如表 8-8 和图 8-25 所示。

表 8-8　组合二第四节动作要领

节拍		下肢动作	上肢动作
四	1～8 拍	从左脚开始，侧迈步后屈腿，完成 4 次	曲肘前后摆动

图 8-25　组合二第四节动作示意图

第五至八节动作同第一至四节，但方向相反。

（三）组合三

组合三第一节动作如表 8-9 和图 8-26 所示。

表 8-9　组合三第一节动作要领

节拍		下肢动作	上肢动作
一	1～4 拍	右脚向右做交叉步	1～3 拍双臂上举，4 拍双臂胸前平屈
	5～8 拍	左脚向一侧迈步，成分腿半蹲	5～6 拍双臂前举，7～8 拍双臂放于体侧

图 8-26 组合三第一节动作示意图

组合三第二节动作如表 8-10 和图 8-27 所示。

表 8-10 组合三第二节动作要领

节拍		下肢动作	上肢动作
二	1～4 拍	从右脚开始，侧点地 2 次	1 拍右臂左前举、左臂曲肘于腰间，2 拍双臂曲肘于腰间，3～4 拍同 1～2 拍动作，但方向相反
	5～8 拍	右脚连续侧点地 2 次	5～8 拍同 1～2 拍动作，重复 2 次

图 8-27 组合三第二节动作示意图

组合三第三节和第四节动作如表 8-11 和图 8-28 所示。

表 8-11 组合三第三节和第四节动作要领

节拍		下肢动作	上肢动作
三	1～8 拍	从左腿开始，向前走 3 步，接吸腿 3 次	1 拍双臂肩侧屈外展，2 拍胸前交叉，3 拍同 1 拍动作，4 拍击掌，5 拍肩侧屈外展，6 拍腿下击掌，7～8 拍同 3～4 拍动作
四	1～8 拍	从右腿开始，向后走 3 步，接吸腿 3 次	同第三节上肢动作

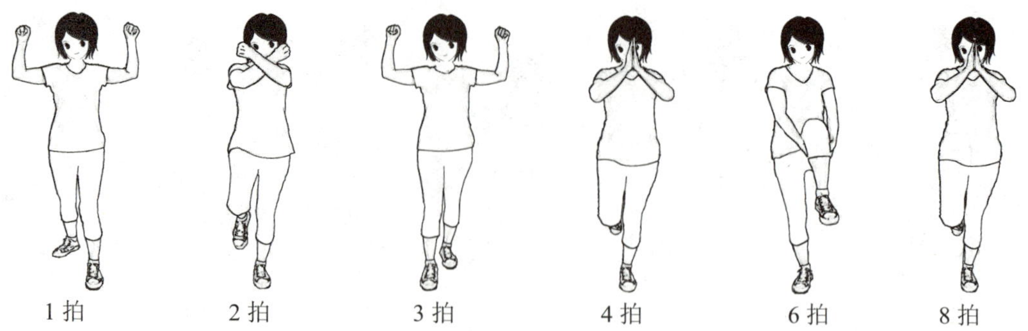

图 8-28　组合三第三节动作示意图

第五至八节动作同第一至四节，但方向相反。

（四）组合四

组合四第一节动作如表 8-12 和图 8-29 所示。

表 8-12　组合四第一节动作要领

节拍		下肢动作	上肢动作
一	1～8 拍	1～4 拍从右腿开始做“V”字步，5～8 拍做“A”字步	1 拍右臂侧上举，2 拍双臂侧上举，3～4 拍击掌 2 次，5 拍右臂侧下举，6 拍双臂侧下举，7～8 拍击掌 2 次

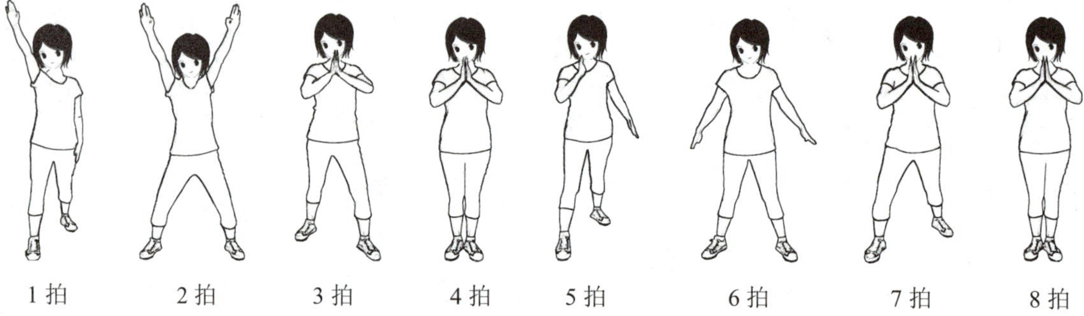

图 8-29　组合四第一节动作示意图

组合四第二节动作如表 8-13 和图 8-30 所示。

表 8-13　组合四第二节动作要领

节拍		下肢动作	上肢动作
二	1～4 拍	从右脚开始，弹踢腿跳 2 次	1 拍双臂前举，2 拍下摆，3～4 拍同 1～2 拍动作
	5～8 拍	右脚连续弹踢 2 次	5 拍双臂前举，6 拍胸前平屈，7 拍同 5 拍动作，8 拍还原体侧

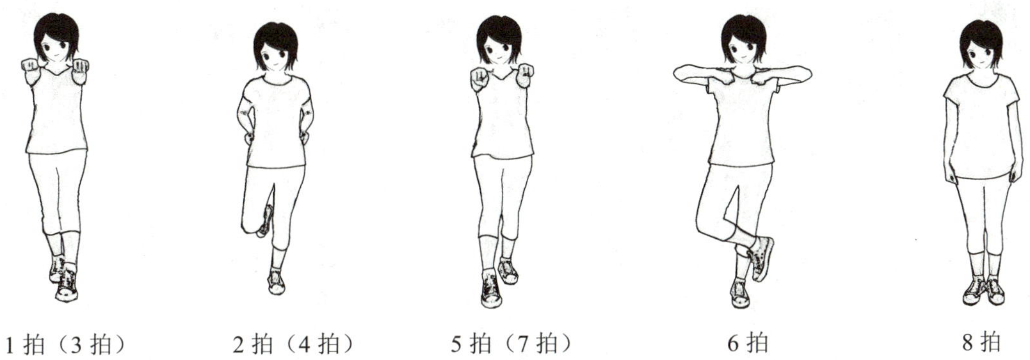

图 8-30　组合四第二节动作示意图

组合四第三节动作如表 8-14 和图 8-31 所示。

表 8-14　组合四第三节动作要领

节拍		下肢动作	上肢动作
三	1～8 拍	左腿踏步 2 次	双臂自然摆动

图 8-31　组合四第三节动作示意图

组合四第四节动作如表 8-15 和图 8-32 所示。

表 8-15　组合四第四节动作要领

节拍		下肢动作	上肢动作
四	1～8 拍	从左脚开始，迈步后点地 4 次	1～2 拍右臂经侧屈至左下举，3～4 拍同 1～2 拍动作，但方向相反 5～6 拍右臂经侧举至左下举，7～8 拍同 5～6 拍动作，但方向相反

图 8-32　组合四第四节动作示意图

第五至八节动作同第一至四节，但方向相反。

四、竞赛规则

（一）竞赛项目

比赛共设 5 个项目：男子单人、女子单人、混合双人、三人和集体五人。

（二）比赛场地

（1）赛台：赛台高 80～140 cm，面积不得小于 14 m×14 m，后面有背景遮挡。

（2）竞赛地板和竞赛区：竞赛地板位于赛台中心，面积为 12 m×12 m，其上方以宽度为 5 cm 的黑色标记带圈定竞赛区，标记带是竞赛区的一部分。其中，单人、混双和三人健美操的竞赛区面积为 7 m×7 m，集体五人赛的竞赛区面积为 10 m×10 m。

（三）比赛时间

成套动作的时间为 105 s，有加减 5 s 的宽容度。

（四）难度动作

成套动作必须包括下列各类难度动作各一个：① 动力性力量；② 静力性力量；③ 跳与跃；④ 平衡与柔韧。最多允许做 12 个难度动作。

（五）评分方法

裁判分为艺术裁判、完成裁判、难度裁判、视线裁判、计时裁判和裁判长。艺术裁判、完成裁判、难度裁判分别评出艺术分、完成分和难度分。

（1）艺术分：主要包括操化动作、难度动作、过渡/连接和托举动作的成套创编（2 分）；音乐的使用（2 分）；操化动作组合（2 分）；比赛场地的使用（2 分）；表现力与同伴配合（2 分）。最高分为 10 分，以 0.1 加分。

（2）完成分：包括技术技巧、合拍与一致性。从 10 分起评，对每个完成错误给予减分。

（3）难度分：根据难度动作级别给分，按照加分的方法评分，从 0 分起评。但以下情况将给予减分：超过 12 个难度动作、超过 6 次地面动作或超过两次成俯卧撑落地，每超过一个扣 1.0 分；难度动作重复或难度动作缺组，每次扣 1.0 分。

另外，如果比赛时运动员身体的任何部位触及标记带以外的场地，将被判为出界，每次扣 0.1 分。以下情况裁判长将给予减分，如违例动作每次扣 1.0 分等。

艺术分、完成分与难度分相加为总分。从总分中减去难度裁判、视线裁判与裁判长的减分为最后得分。

（六）着装要求

运动员须穿适合运动的健美操服和运动鞋，着装整洁、美观、大方，不允许使用悬垂饰物，如皮带、飘带和花边等。女运动员的头发须梳系于后，头发不得遮住脸部；允许化淡妆，禁止佩戴首饰。

第二节 啦啦操

一、啦啦操的分类

啦啦操是大学生团体在音乐的伴奏下，完成复杂、高难度的基本手位与舞蹈动作，充分展示团队高超的运动技能和技巧，展现青春活力和积极向上的团队精神的一项体育运动。

啦啦操运动分为技巧啦啦操和舞蹈啦啦操两类。

（一）技巧啦啦操

技巧啦啦操是运动员团体在音乐的伴奏下，做出跳跃、翻腾、抛接、托举、金字塔组合等技巧性动作，并配合口号、啦啦操基本手位和舞蹈动作，充分展示运动员的高超技能和技巧的团队竞赛项目。它主要分为集体技巧啦啦操和五人、双人配合技巧啦啦操。

1. 集体技巧啦啦操

集体技巧啦啦操的成套动作必须包含 30 s 口号、个性舞蹈、翻腾、抛接、托举、金字塔等内容，同时结合各种跳步动作、啦啦操基本手位动作、其他舞蹈元素和道具等，充分利用空间转换和队形变化，展现团队的技能技巧和啦啦操运动的特点。其技术特征包括：做肢体动作时，通过短暂加速和制动定位来展现技巧啦啦操特有的力度感；动作完成得干净利落；运动过程中重心稳定，动作平稳，身体控制精确、位置准确。

2. 五人、双人配合技巧啦啦操

五人、双人配合技巧啦啦操的成套动作以托举、抛接两类难度动作为主要内容，需要

充分利用多种上架、下架动作和过渡连接动作，进行空间的转换及方向与造型的变化，从而展示五人组或双人组高超的技能和技巧。

（二）舞蹈啦啦操

舞蹈啦啦操是运动员团体在音乐的伴奏下，运用舞蹈动作组合，结合转体、跳步、平衡和柔韧动作等难度动作和舞蹈的过渡技巧，进行空间的转换及方向与队形的变化，从而展示团队运动舞蹈技能和团队风采的竞赛项目。它主要分为花球舞啦啦操、街舞啦啦操、爵士舞啦啦操和自由舞啦啦操。

1．花球舞啦啦操

花球舞啦啦操的成套动作为手持花球做啦啦操基本手位、个性舞蹈动作、难度动作和舞蹈技巧等动作元素，展示整齐一致，层次、队形不断变换的视觉效果。其技术特征包括：做肢体动作时，通过短暂加速和制动定位来展现运动舞蹈特征和花球运用技术；为了突出运动员的爆发力，多选用跳步类难度动作。

2．街舞啦啦操

街舞啦啦操的成套动作以街舞风格的舞蹈动作为主，注重动作的风格特征、身体各部位的律动与控制，要求动作的节奏与音乐和谐一致，同时也可结合一些难度动作，如结合跳步、动作变换和动作组合等。其技术特征包括：肢体动作要体现街舞特征，表现出街舞随意、洒脱的感觉；为了突出运动员的爆发力，多选用街舞里的难度动作，如地板动作。

3．爵士舞啦啦操

爵士舞啦啦操的成套动作由爵士风格的舞蹈动作、难度动作和过渡动作等内容组成，主要是通过变换队形、空间和方向等表现运动员的激情、舞蹈能力和团队实力。其技术特征包括：肢体动作要体现爵士舞特征，表现出松弛有度的感觉和由内向外的延伸感；为了突出运动员的爆发力，多选用爵士舞里的难度动作，如转体类动作。

4．自由舞啦啦操

自由舞啦啦操区别于花球舞啦啦操、爵士舞啦啦操和街舞啦啦操，是结合其他风格、形式舞蹈的啦啦操，如具有民族舞风格特点的啦啦操。此类啦啦操的难度范围比较宽泛，可根据具体的舞风来进行动作创编。

二、啦啦操的基本要素

（一）口号

1．口号介绍

口号是啦啦操的基本技术，也是啦啦操的基本特征。口号是成套动作的重要组成部分，可以放在成套动作的前、中、后，一般放在成套动作的中间。《国际啦啦队竞赛评分规则》（2006－2009 年）规定，成套动作时间为 2 分 30 秒，前后有 10 s 的宽容度，技巧啦啦操在成套动作中必须设计一组 30 s 的口号，且前后有 5 s 的宽容度。口号的基本要求如下。

（1）口号是成套动作的重要组成部分，要求体现团队积极向上的精神面貌。

（2）队伍的名称、吉祥物、学校名称、国家名称，以及简短的激励人心、鼓舞士气的词语或名言警句等，都可以作为口号的内容。口号的含义应清楚明了，切忌选取发音复杂、难以提高音量的词语，同时应避免使用晦涩、易产生歧义的词语。

（3）喊出口号前要深呼吸，放松咽喉部位，当肺活量处于最大值时喊出口令，使身体的共鸣腔扩展到最大以产生最佳声音效果。

（4）喊口号要简短有力，声音洪亮，用自己的热情来感染观众。

2．口号组成

口号的组成通常包括来源、颜色、词语和特定词语。

（1）来源：包括学校的名称、校训，队伍的名称、吉祥物和标志等。

（2）颜色：各学校通常都有代表性或象征性的颜色（如校旗的颜色），啦啦队也可采用类似的颜色。

（3）词语：指有激励、鼓舞含义的一系列词语，如加油、团结和拼搏等。

（4）特定词语：指专门为特定事件、地域和比赛而设立的一些口号。

例如：×× ×× GO！ 中国！加油！ GO let's GO！

（二）音乐

音乐作为啦啦操的一个重要组成部分，在啦啦操中起到了烘托气氛与激发灵感的作用。音乐是声音的艺术，它作为一种完整的艺术形式，有着自己独特、系统、完整的结构和完备的表达方式与方法。啦啦操的动作在音乐的衬托下，更加具有生命力与艺术性。如果说动作构成了啦啦操的原始竞技冲动，那么音乐则为啦啦操注入了灵魂，并促使运动员将内心的情感表现出来。

（三）基本手位

啦啦操手臂动作主要以肩关节为轴，其动作要求包括：手臂伸展时应直臂，弯曲时应有一定的角度，手形多为握拳；动作要完成得清晰、有力，即在最短的时间内完成向下一个动作的转变，转变过程中不得有多余的无控制形态出现，手臂到达下一个动作所规定的位置时不能有明显的晃动现象；手臂动作应在移动迅速、定点准确的基础上，以拳带动发力，选择最短的路线到达下一个动作所规定的位置。啦啦操的 32 个基本手位如图 8-33 所示。

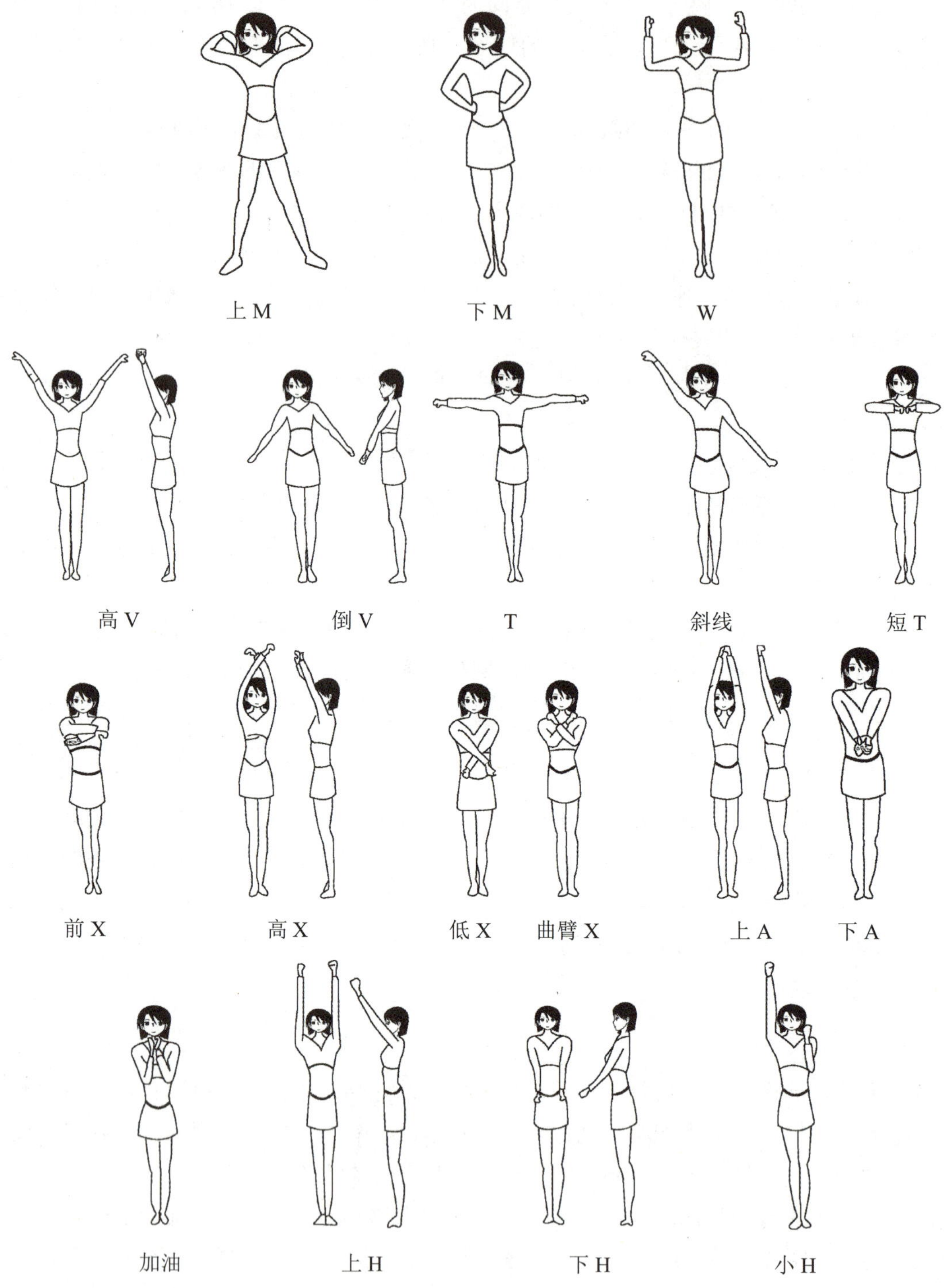
上M
下M
W
高V
倒V
T
斜线
短T
前X
高X
低X
曲臂X
上A
下A
加油
上H
下H
小H

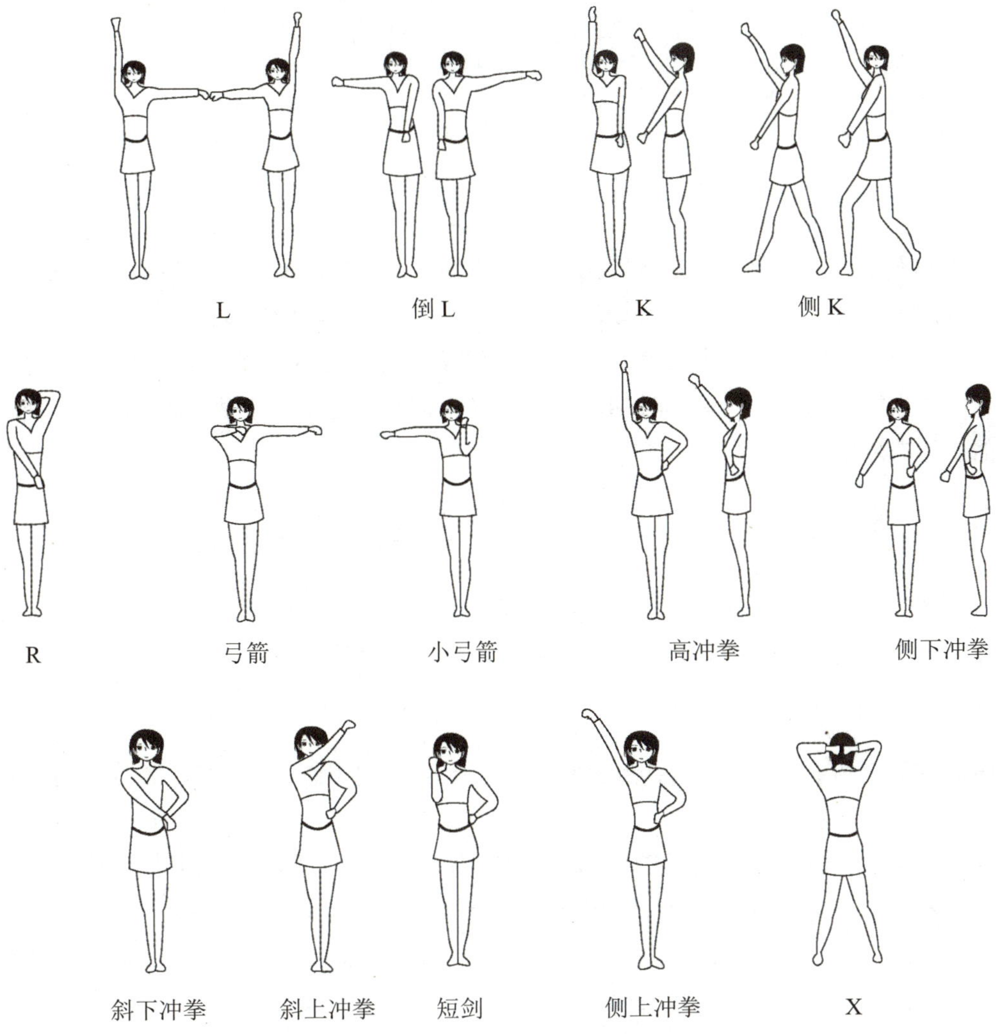

图 8-33　32 个基本手位示意图

（四）身体姿态

在健美操动作中，从头部到髋部的躯干通常是保持端正；而在啦啦操动作中，尤其是舞蹈啦啦操中，从头部到髋部的躯干动作很多，对胸部、腰部的柔软度和协调性要求较高，要求运动员用身体的每个关节和肌肉来展示这个项目的激情与活力。

（五）步伐

啦啦操的步伐跟手位一样，要求在最短时间内到达动作所规定的位置，且发力、制动迅速，还要求踝关节始终保持收紧状态，每个步伐要清晰而有力。常见的几种步伐有锁步、吸腿站立、弓步和侧弓步等。

第三节　瑜　伽

一、瑜伽的起源

瑜伽起源于印度，伴随着古印度文明的演进而不断发展。对于瑜伽发展的历史阶段，有各种说法和各种划分。目前比较普遍的一种划分法是根据瑜伽主要经典的出现及瑜伽体系的建立情况将瑜伽分为四个时期：一是以《韦达经》为标志的吠陀瑜伽时期，二是以《奥义书》出现为标志的前经典瑜伽时期，三是以《瑜伽经》为标志的经典瑜伽时期，四是近现代的后经典瑜伽时期。

二、瑜伽的呼吸方法

瑜伽呼吸法包括腹式呼吸、胸式呼吸、锁骨呼吸和完全式呼吸。练习不同的呼吸方式可以按摩内脏，刺激各生理腺体的良性分泌，达到洁净身体的目的。

（一）腹式呼吸

腹式呼吸又称横膈膜呼吸。可选择任何瑜伽坐姿或仰卧姿势，然后进行练习。方法如下：

（1）将双手轻放在肚脐区域，不要施加压力。吸气时，感受气沉肺底，横膈膜下沉使腹内脏器下沉，接着小腹起涨，双手被小腹抬起。

（2）呼气时，横膈膜缓慢复位，小腹回落。当气将呼尽时双手微向下施压，感受肚脐内收并上提，彻底呼尽肺底残留气体。

（3）1～4 拍吸气，5～8 拍呼气。早晚各练习 100 次。

益处：按摩所有的腹部器官，为身心减压，还有助于调节循环和呼吸系统。

（二）胸式呼吸

胸式呼吸又称肋间肌呼吸。可选择任何瑜伽坐姿或仰卧姿势，然后进行练习。方法如下：

（1）将双手放在十二肋两侧，不要施加压力，并保持骨盆中立位（髂前上棘及耻骨在一个平面上）。

（2）吸气，收缩腹部。在保证腹腔壁内收的前提下感受两侧肋骨下部升高并向两侧推出。

（3）呼气，腹腔壁持续内收，感受两侧肋骨回落。

（4）在吸与呼的过程中始终收缩腹部，感受两侧肋骨像一架手风琴那样向两侧扩张和收缩。

（5）1～4 拍吸气，5～8 拍呼气。早晚各练习 100 次。

益处：加强腹肌肌力，镇静心神，改善循环。

（三）锁骨呼吸

可选择任何瑜伽坐姿或仰卧姿势，然后进行练习。方法如下：

（1）将双手放于锁骨两侧，不要施加压力。

（2）慢慢吸气，始终保持腹部和肋骨架收缩，感受双手被锁骨推起。

（3）慢慢呼气，继续保持腹部和肋骨架收缩，感受双手和锁骨回落。

益处：增加肺活量，增强肺部功能。

（四）完全式呼吸

将横膈膜呼吸、肋间肌呼吸和锁骨呼吸 3 种呼吸技巧结合起来就形成了完全式呼吸，也就是全肺呼吸。具体操作时，应将这 3 种呼吸方法衔接得顺畅而自然，就像一个稳定渐进的波浪滑过胸腹。可以选择任何瑜伽坐姿或仰卧，然后进行练习。方法如下：

（1）慢慢吸气，感受小腹起涨，然后继续吸气至肋骨扩张，保持当前状态，用肺上部吸气，锁骨上推，肩稍耸。

（2）慢慢呼气，肩放平，锁骨下移，肋骨回缩，小腹内收上提。

（3）1～4 拍吸气，5～8 拍呼气。早晚各练习 100 次。

益处：消除肌肉疲劳，增强消化系统功能和心脏功能，提高免疫力。

注意事项：这个练习一定要熟练掌握三种基础呼吸之后再做。

三、瑜伽拜日式

瑜伽拜日式是一套瑜伽动作，由 12 个瑜伽姿势组成，动作顺序为祈祷式—展臂式—前屈式—骑马式—山岳式—八体投地式—眼镜蛇式—山岳式—骑马式—前屈式—展臂式—祈祷式，最后 5 个动作与开始 5 个动作相同，只是顺序相反。

（一）祈祷式

动作要领：挺身直立，双脚并拢，双手胸前合掌，放松全身，调匀呼吸，如图 8-34 所示。

益处：保持精神集中和心态平和的状态，做好练习准备。

（二）展臂式

动作要领：上臂向上举过头，双臂分开与肩同宽，头和上身朝后仰，如图 8-35 所示。

益处：伸展腹部脏器，减少腹部多余脂肪，改善消化系统的功能，锻炼手臂和肩部肌肉，刺激脊神经，开阔肺叶。

图 8-34　祈祷式

图 8-35　展臂式

（三）前屈式

动作要领：身体向前屈，双手或手指触到脚侧或脚前的地面。尽量用前额抵住双腿，注意量力而为，双膝保持伸直。如图 8-36 所示。

益处：减少腹部多余脂肪，改善消化系统的功能，有助于缓解便秘，还能刺激脊神经。

（四）骑马式

动作要领：保持左脚不动，尽量向后伸出右腿，同时屈左腿。两臂保持伸直，身体重量由两手、左脚、右膝和右脚趾来支撑。最后头应向后仰起，背呈弓形，向上凝视。如图 8-37 所示。

益处：按摩腹部器官，锻炼腿部肌肉。

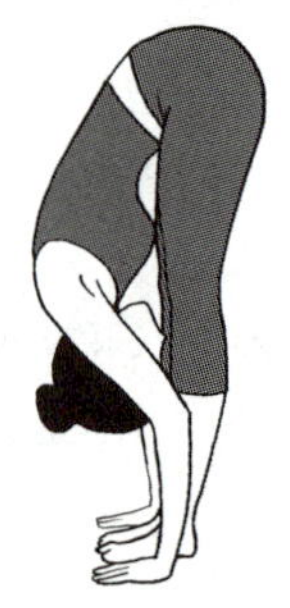

图 8-36　前屈式

图 8-37　骑马式

（五）山岳式

动作要领：伸直双腿，双脚并拢，身体向前俯卧，臀部翘在半空，头低下，使其位于两臂之间，身体和地面呈三角形。在最后位置时双腿和双臂伸直，两脚跟尽量着地。如图 8-38 所示。

益处：锻炼手臂和腿部肌肉，刺激脊神经。

（六）八体投地式

动作要领：身体放低，用双脚脚趾、双膝、胸部、双手和下巴触地，髋部和腹部抬离地面。如图 8-39 所示。

益处：锻炼手臂、腿部和胸部肌肉，刺激脊神经。

图 8-38 山岳式

图 8-39 八体投地式

（七）眼镜蛇式

动作要领：伸直双臂，头朝后仰，抬起身体，使腰部离开地面。如图 8-40 所示。

益处：拉伸腹部和颈部肌肉，刺激脊神经。

图 8-40 眼镜蛇式

（注：上述动作做完为半轮，下半轮继续做山岳式、骑马式、前屈式、展臂式和祈祷式，下半轮至骑马式时伸展左腿、屈右腿）

健体铸魂

在普通人群里推广“快乐体操”

1988 年，奥运冠军程菲出生于湖北黄石。程菲从小就显露出体操天赋，13 岁便入选国家体操队，16 岁便开始在世界大赛中发光发亮。

2005 年，17 岁的程菲在第 38 届世界体操锦标赛中获得女子跳马冠军，刷新了中国女子跳马项目的历史，同时，她在本次比赛中所展示的动作还被国际体操联合会命名为“程菲跳”；2007 年，程菲在第 40 届世界体操锦标赛中获得女子跳马冠军，实现了在该项目上的“三连冠”；2008 年北京奥运会上，作为中国女子体操队队长的程菲带领队友获得体操女子团体冠军，她也获得女子个人跳马季军；2012 年 6 月，程菲在备战伦敦奥运会时受伤，随后退役。

如今，程菲是武汉体育学院副教授、体操教研室主任，致力于推广“快乐体操”——让普通人走近体操，体会体操带来的快乐。在武汉体育学院体操馆练习体操的人中，既有毫无体育基础的大学生，也有将体操简单理解为“翻跟头”的小朋友，甚至还有一些小朋友的家长。在这里，体操不再是有着极高门槛的竞技体育项目，而是能让男女老幼都亲近的全民运动。程菲说：“一位原本只是陪孩子学习体操的年轻母亲，在‘陪读’时对体操产生了兴趣，没多久这位母亲也学会了侧翻。”

程菲清楚多数人对体操的成见：“一说起体操，很多小朋友就哭得非常伤心，认为训练非常辛苦。所以，我希望能让小朋友真正喜爱体操，自愿学习体操，而不是认为练习体操是在惩罚他们。人只有在做自己喜欢的事情时，才会付出努力。”

在普通人群里推广“快乐体操”，在“菲姐”看来是一项有着特殊价值的事业。她说：“为什么我们要在国内开展全民体育？因为普通人群代表了我们体育的基础底线，只有这个底线全面提高了，大众的身体素质才会提高，我国的竞技体育才会发展得更快。”

特色体育篇

第九章　武　术

知识目标

- 了解武术的起源。
- 掌握武术基本功的练习方法。
- 掌握24式太极拳的基本动作。
- 掌握防身自卫术和女子防身术的基本动作。

素质目标

- 领会博大精深的武术精神，感受武术的魅力，继承和弘扬中华优秀传统武术文化。
- 通过学习自卫防身术，培养正确的安全防卫心理。

第一节　概　述

武术起源于我国古代的生产劳动。在古代的狩猎和战争中，人类为了生活和自卫掌握了一些简单的攻防格斗技能，如拳打、脚踢、躲闪和摔跤等，为武术的发展奠定了基础。明清时期，武术得到了大发展，形成了太极拳、形意拳和八卦拳等主要的拳种体系。

中华人民共和国成立后，武术运动得到了蓬勃发展。1958年中国武术协会成立，武术成为表演项目，并于次年正式成为国家体育竞赛项目。1994年，国际武联被世界单项体育联合会正式接纳入会，从而进一步确立了武术比赛的国际体育地位。

武术运动通常可以分为拳术、器械、对练和集体操练四大类。武术具有广泛的适应性、攻防技击性和内外合一、形神兼备的特点。经常参与武术运动，可以使人们增强体质，培养意志，并掌握一些格斗技能，为其终身健身打下基础。

第二节　武术基本功

一、武术基本功概述

中华武术，源远流长，有着广泛的群众基础，是中国传统文化中的一颗璀璨的明珠。

它经过不断地创新、提炼和发展，逐渐形成了包括各种拳械套路和对抗运动形式，注重内外兼修的中国传统体育项目。它具有强身健体、防身自卫、竞技比赛、表演娱乐、交流技艺、增进友谊、陶冶情操等功能，深受广大群众的喜爱。

武术基本功是指以武术运动中具有共性的基础训练为内容，以获得和运用武术技法必备的各种能力为锻炼目的的一类运动。它包括肩臂、腰、腿、手和步等的练习。

二、肩臂练习

肩臂练习的目的是增进肩关节柔韧性和发展臂部力量。肩臂练习包括压肩、单臂绕环和双臂绕环等。

（一）压肩

预备姿势：面对肋木站立，距离肋木一大步，两脚左右开立与肩同宽。

动作要领：两手抓握肋木，上体前俯并做下振压肩动作，如图 9-1（a）所示；做压肩动作时也可以两人面对面站立，互相扶按肩部，做上体前屈的向下振压肩动作，如图 9-1（b）所示；也可由助手协助做振压肩部的练习。

（二）单臂绕环

预备姿势：（以右臂绕环为例）左弓步站立，左手扶按左腿，右臂垂于体侧。

动作要领：向后绕环时右臂由下向前、向上、向后绕环一周，如图 9-2 所示；向前绕环时右臂由下向后、向上、向前绕环一周。练习时左右臂交替进行。做左臂绕环时换右弓步站立。

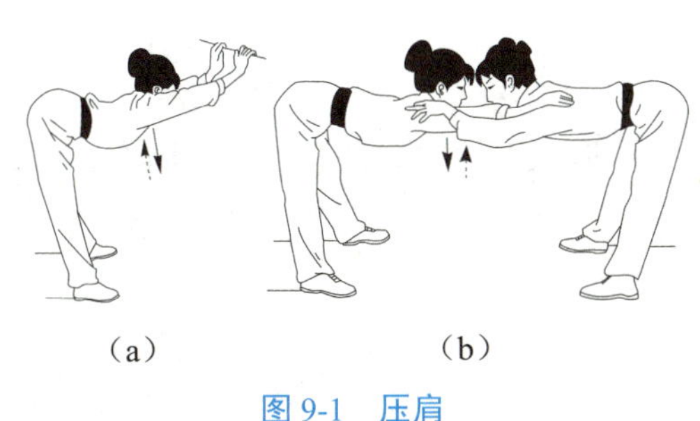

图 9-1 压肩

图 9-2 单臂绕环

（三）双臂绕环

预备姿势：开步站立，两臂垂于体侧。

动作要领：以肩关节为轴，两臂分别向前和向后做直臂绕环。顺、逆时针绕环交替进行。如图 9-3 所示。

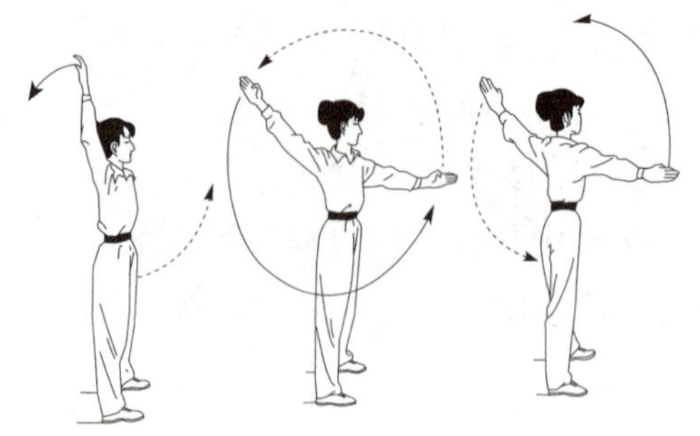

图 9-3　双臂绕环

三、腰部练习

腰部练习的目的是增进腰部灵活性和协调控制上下肢运动的能力。腰部练习包括下腰、甩腰和涮腰等。

（一）下腰

预备姿势：开步站立，两臂伸直上举。

动作要领：腰向后弯，抬头、挺腰，双手撑地，身体呈桥形。

（二）甩腰

预备姿势：开步站立，两臂伸直上举。

动作要领：以腰、髋关节为轴，上体做前后屈伸和甩动动作，两臂也跟着甩动，两腿伸直。

（三）涮腰

预备姿势：两脚开立，略宽于肩，两臂自然垂于体侧。

动作要领：上体前俯，两臂向左前下方伸出，以髋关节为轴，两臂经前、向右、向后、向左翻转绕环。左右涮腰交替进行。

四、腿部练习

腿部练习的目的是发展腿部的柔韧性、灵活性和力量等素质。腿部练习包括正压腿、侧压腿、竖叉、正踢腿、外摆腿、里合腿和后扫腿等。

（一）正压腿

预备姿势：面对肋木或一定高度的物体，并步站立。

动作要领：左腿抬起，脚跟放在肋木上，脚尖勾起，踝关节屈紧，两手扶按在左膝上或两手抓握左脚。两腿伸直，立腰、收髋，上体前屈，并向前下方做压振动作。如图 9-4 所示。练习时两腿交替进行。

（二）侧压腿

预备姿势：侧对肋木或一定高度的物体，并步站立。

动作要领：右腿支撑，脚尖稍外撇。左腿抬起，脚跟放在肋木上，脚尖勾起，踝关节屈紧。右手立掌（掌心向上）向头后伸展，尽量摸到左脚尖。左掌附右胸前。两腿伸直，立腰、开髋，右臂带动上体向左侧压振。如图 9-5 所示。练习时两腿交替进行。

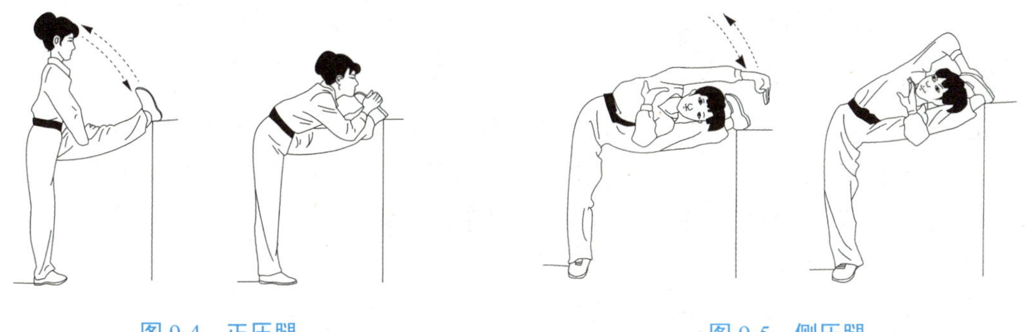

图 9-4 正压腿　　图 9-5 侧压腿

（三）竖叉

预备姿势：并步站立。

动作要领：两手左右扶地或两臂侧平举，两腿前后分开呈直线（左腿在前）。左腿后侧着地，脚尖勾起。右腿前侧或内侧着地，脚面绷直扣于地面，两臂立掌侧平举，掌指向上。如图 9-6 所示。练习时两腿交替进行。

图 9-6 竖叉

（四）正踢腿

预备姿势：并步站立，两臂侧平举，立掌，掌指向上。

动作要领：左脚上前半步，左腿支撑，右腿挺膝，脚尖勾起向前额处猛踢。目平视。练习时两腿交替进行。

（五）外摆腿

预备姿势：同正踢腿。

动作要领：右脚向右前方上半步，右腿支撑。左脚脚尖勾紧，向右侧踢起，经面前向左侧上方外摆，直腿落于右腿内侧。目平视。如图 9-7 所示。可用左手掌在左侧上方迎击左脚面，也可不做。练习时两腿交替进行。

（六）里合腿

预备姿势：同正踢腿。

动作要领：右脚向右前方上半步，右腿支撑。左脚脚尖勾起里扣并向左侧踢起，经面前向右侧上方直腿里合，落于右腿外侧。如图 9-8 所示。可用右手掌在右侧上方迎击左脚面，也可不做。练习时两腿交替进行。

图 9-7　外摆腿

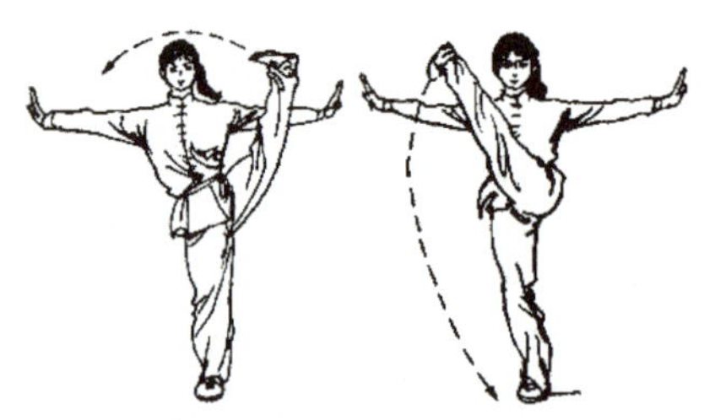

图 9-8　里合腿

（七）后扫腿

预备姿势：两脚并立，两臂自然垂于体侧。

动作要领：两脚开立，形成左弓步，两掌伏地于右腿内侧，手指向前。左脚尖里扣，左腿曲膝全蹲，右腿伸直，形成右仆步姿势，同时上体右转并前俯。两掌随体右转在右腿内侧扶地。以左脚前脚掌为轴，右脚贴地向后扫转一周。

五、手形手法练习

手法练习是运用拳、掌和勾三种手形，结合上肢冲、架、推和亮等运动方法，操练上肢手法的基本方法。下面将对手形和手法进行简要介绍。

（一）手形

拳：四指并拢卷握，拇指紧扣食指和中指第二指节，如图 9-9 所示。

掌：四指并拢伸直，拇指弯曲紧扣于虎口处，如图 9-10 所示。

勾：五指的第一指节捏拢在一起曲腕，如图 9-11 所示。

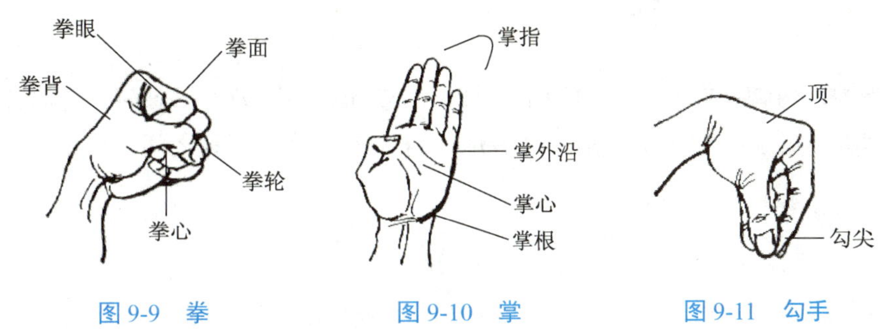

图 9-9　拳　　图 9-10　掌　　图 9-11　勾手

（二）手法

常用的手法有冲拳、推掌和亮掌。

1．冲拳

冲拳分平拳和立拳两种。平拳拳心向上，立拳拳眼向上。

预备姿势：两脚左右开立，与肩同宽，两拳抱于腰间，拳心向上，肘尖向后。

动作要领：挺胸、收腹、直腰，右拳从腰间猛力冲出，左肘向后牵拉。同时左转腰顺肩内旋臂，力达拳面，臂要伸直，与肩平。目平视。练习时两手交替进行。

2．推掌

预备姿势：与冲拳相同。

动作要领：右拳变掌，前臂内旋，以掌跟为力点向前猛力推出，左肘向后牵拉，同时左转腰顺肩，臂伸直与肩平。目平视。练习时两手交替进行。

3．亮掌

预备姿势：与冲拳相同。

动作要领：右拳变掌经体侧向前、向右、向上画弧，至头部右前方时抖腕亮掌，掌心向前，虎口向下，臂呈弧形，头随右手动作左转。亮掌时双眼注视左方。练习时两手交替进行。

六、步型练习

步型练习的目的是增进腿部力量，以提高两腿的稳固性。基本步型包括弓步、马步、虚步、仆步和歇步等。

（一）弓步

动作要领：两脚前后开立一大步（为本人脚长的 4～5 倍），前脚脚尖稍内扣，前腿曲膝半蹲（大腿接近水平），膝与脚尖垂直。后腿挺膝伸直，脚尖内扣斜向前方，两脚全脚掌着地。上体正对前方，目平视，两手抱拳于腰间，拳心向上。

（二）马步

动作要领：两脚左右开立（约为本人脚长的 3 倍），两脚尖正对前方，曲膝半蹲，膝盖不超过脚尖，大腿接近水平，全脚掌着地，身体重心落于两脚之间，双手抱拳于腰间，拳心向上。

（三）虚步

动作要领：两脚前后开立，后脚外展 45°，后腿曲膝半蹲。前脚脚尖虚点地，稍内扣，脚面绷平。前腿膝微屈，重心落于后腿。双手叉腰，目平视。左脚在前为左虚步，右脚在前为右虚步。

（四）仆步

动作要领：（以左仆步为例）两脚左右开立，右腿曲膝半蹲，大腿与小腿靠紧，臀部接近小腿，右脚全脚掌着地，脚尖和膝关节外展。左腿挺直平仆，脚尖里扣，全脚掌着地。两手抱拳于腰间，拳心向上，眼向左方平视；右仆步为仆右腿，动作要领与左仆步相仿。

（五）歇步

动作要领：（以左歇步为例）两腿交叉靠拢全蹲，左脚在前，全脚掌着地，脚尖外展。右脚前脚掌着地，膝部贴于左腿外侧，臀部坐于右腿接近脚跟处。两手抱拳于腰间，拳心向上。眼向左前方平视；右歇步为右脚在前，动作要领与左歇步相仿。

第三节　24 式太极拳

一、24 式太极拳概述

24 式太极拳演练

太极拳是我国民族文化中的一颗璀璨明珠，是一种较好的增强体质和预防疾病的体育项目，其特点是动作柔和、缓慢和连贯等。

24 式太极拳又称为简化太极拳，是国家体委（现为国家体育总局）于 1956 年组织太极拳专家汲取杨氏太极拳之精华改编而成。

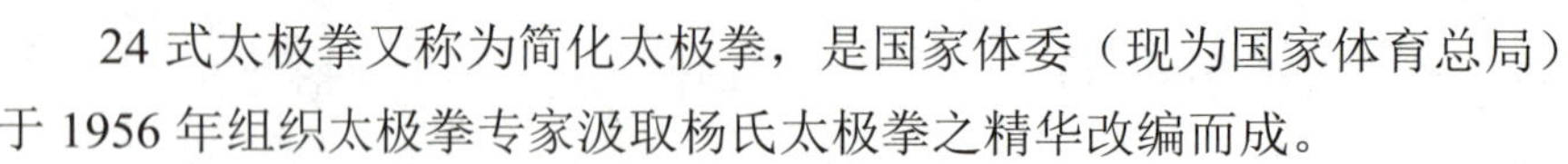

二、预备势

动作要领：身体自然挺直，两脚并拢，两腿自然伸直。胸腹放松，两臂垂于两腿外侧，手指微屈。头颈端正，下颌微收，口闭齿扣，舌抵上腭。精神集中，表情自然，目平视前方。

三、24 式太极拳动作

（一）起势

动作要领：左脚向左迈一步，两脚平行开立，与肩同宽。两臂由身体两侧慢慢向前、向上平举至与肩同高、同宽，手心向下；两腿慢慢曲膝半蹲，重心落于两脚间，形成马步。同时，两掌轻轻下按至腹前，上体舒展、端正。目平视前方。如图 9-12 所示。

（二）左右野马分鬃

1. 左野马分鬃

动作要领如下。

（1）上体稍右转，重心右移。同时，右臂弯曲置于胸前，掌心翻转向下；左手画弧下落，曲肘置于腹前，掌心翻转向上，与右掌相对呈抱球状，两臂曲肘。左脚收至右脚内侧，脚尖点地。目视右手。

（2）上体左转，左脚向左前方迈出一步，脚跟轻轻着地，重心仍在右腿上。

（3）上体继续左转，重心前移，左脚全脚掌着地，左腿曲膝，形成左弓步。同时，两掌前后分开，左手至体前与眼同高，手心斜向上；右手按至右胯旁，手心向下，指尖向前，两臂微屈。目视左掌。如图 9-13 所示。

图 9-12　起势

图 9-13　左野马分鬃

2. 右野马分鬃

动作要领如下。

（1）重心稍后移，曲右膝，左腿伸直，左脚尖翘起外撇 45°～60°。

（2）上体左转，重心移至左腿，左脚全脚掌着地，左腿前弓，右脚收至左脚内侧，脚尖着地。同时，左臂弯曲置于左胸前，掌心翻转向下；右手画弧下落，曲肘置于腹前，掌心翻转向上，与左掌相对呈抱球状。目视左手。

（3）上体稍右转，重心仍在左腿上，右脚向右前方迈出一步，脚跟轻轻着地。同时两掌开始前后分开。

（4）上体继续右转，重心前移，右脚全脚掌着地，右腿曲膝，形成右弓步。右手分至体前与眼同高，手心斜向上；左手按至左胯旁，手心向下，指尖向前，两臂微屈。目视右手。如图 9-14 所示。

图 9-14 右野马分鬃

3. 左野马分鬃

与右野马分鬃动作要领相仿，但是方向相反。如图 9-15 所示。

（三）白鹤亮翅

动作要领如下。

（1）上体稍左转，右脚向前收拢半步，前脚掌轻轻落地，与左脚相距约一脚长。同时，左臂弯曲置于胸前，掌心翻转向下；右手画弧下落，曲肘置于腹前，掌心翻转向上，与左掌相对呈抱球状。目视左手。

（2）重心后移，右脚全脚掌着地，并向右转体。两手随转体交错分开，右手上举，左手下落。目视右手。

（3）上体转正，左脚稍向前移动，形成左虚步；右手上举，手心向左后方，左手按于左髋旁，指尖向前。目平视前方。如图 9-16 所示。

图 9-15 左野马分鬃

图 9-16 白鹤亮翅

（四）左右搂膝拗步

1. 左搂膝拗步

动作要领如下。

（1）上体稍左转。右手向下摆至体前，手心向上。目视右手。

（2）上体右转，左脚收落于右脚内侧，脚尖点地。同时，两臂交叉摆动，右手由体前经右胯侧向右后方上举至与头同高，手心向上；左手由左胸前经头前向右画弧至右肩前，手心向下。目视右手。

（3）上体稍左转，左脚向左前方迈一步，脚跟轻轻着地。同时，右臂曲肘，右手摆至右肩上，虎口对耳，掌心斜向前；左手落于腹前，掌心向下。目视前方。

（4）上体继续左转，重心前移，左脚全脚掌着地，左腿曲膝，形成左弓步。同时，左手经左膝前向左搂过，按于左腿外侧，指尖向前；右手向前推出，指尖与鼻尖相对，掌心向前，指尖向上，右臂自然伸直。目视右手。如图 9-17 所示。

图 9-17 左搂膝拗步

2. 右搂膝拗步

动作要领如下。

（1）上体左转，重心稍后移，左脚尖翘起外撇。同时两臂外旋，开始向左摆动。目视右手。

（2）上体继续左转。重心前移，左脚全脚掌着地，右腿收至左脚内侧，脚尖点地。同时，右手经面前画弧，摆至左肩前，掌心向下；左手向左上方画弧上举，与头同高，掌心向上，左臂自然伸直，肘微屈。目视左手。

（3）上体稍右转，右脚向右前方迈一步，脚跟轻轻落地。同时，左臂曲肘，左手收至左肩上，虎口对耳，掌心斜向前；右手下落至腹前，掌心向下，肘微屈。目视前方。

（4）上体继续右转，重心前移，右脚全脚掌着地，右腿曲膝，形成右弓步。同时，右手经右膝前上方向右搂过，按于右腿外侧，指尖向前；左手向前推出，指尖与鼻尖同高，掌心向前，指尖向上，左臂自然伸直，肘微屈。目视左手。如图 9-18 所示。

3. 左搂膝拗步

与右搂膝拗步动作要领相仿，但是方向相反。如图 9-19 所示。

图 9-18 右搂膝拗步

图 9-19 左搂膝拗步

（五）手挥琵琶

动作要领如下。

（1）右脚向前收拢半步，落于左脚后，与左脚相距约一脚长，脚尖点地。同时，右臂稍向前伸，腕关节放松。

（2）上体右转，重心后移，右脚全脚掌着地。同时，左手向左、向上画弧，摆至体前，手臂自然伸直，掌心斜向下；右臂曲肘向左下方画弧，收至胸前，掌心斜向上。目视左手。

（3）上体稍向左回转，左脚稍向前移，脚跟着地。同时，两臂外旋，曲肘合抱，前后交错；左手与鼻相对，掌心向右；右手与左肘相对，掌心向左。目视左手。如图 9-20 所示。

（六）左右倒卷肱

1. 右倒卷肱

动作要领如下。

（1）上体稍右转。右手随转体向下经腰侧向后上方画弧，至掌指与头同高，掌心翻转向上，右臂微屈。左手翻转，掌心向上停于体前。视线先随转体向右看，再转向前方看左手。

（2）上体稍左转，左脚提收经右腿内侧向后退一步，前脚掌轻轻着地。同时，右臂曲肘，右手收至肩上耳侧，掌心斜向下方；左手翻转掌心向上。目视左手。

（3）上体继续左转，重心后移，左脚全脚掌着地。右脚以前脚掌为轴扭直，右腿微屈，形成右虚步。同时，右掌推至体前，腕与肩同高，掌心向前；左手向后、向下收至左腰侧，掌心向上。目视右手。如图 9-21 所示。

图 9-20 手挥琵琶

图 9-21 右倒卷肱

2. 左倒卷肱

动作要领如下。

（1）上体稍左转。左手随转体向左后上方画弧，掌指与头同高，掌心向上，左臂微屈。右手外翻，掌心向上停于体前。视线先随转体向左看，再转向前方看右手。

（2）上体稍右转。右脚提收向后退一步，前脚掌轻轻着地。同时，左臂曲肘，左手收至肩上耳侧，掌心斜向前下方；右手翻转掌心向上。目视右手。

（3）上体继续右转，重心后移，右脚全脚掌着地。左膝微屈，形成左虚步。同时，左掌推至体前，腕与肩同高，掌心向前；右手向后、向下画弧收至右腰侧，掌心向上。目视左手。如图 9-22 所示。

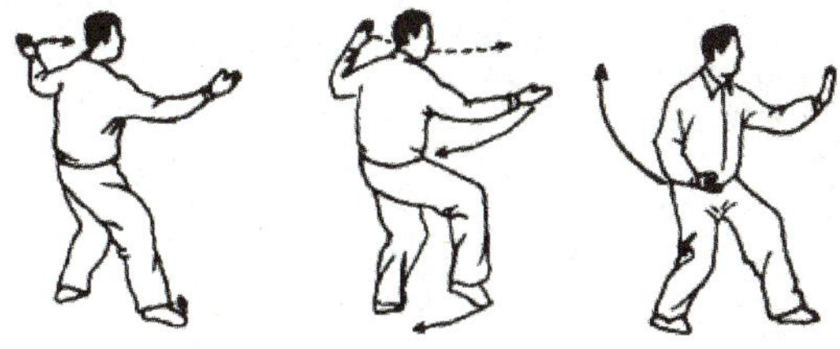

图 9-22 左倒卷肱

再做一遍右倒卷肱动作和左倒卷肱动作。

（七）左揽雀尾

动作要领如下。

（1）上体微右转，右手由腰侧向右上方画弧至手与肩同高，掌心斜向上，右臂微屈；左臂自然置于体前，腕与肩同高，手心向下。目视左手。

（2）左脚收至右脚内侧，脚尖点地。同时，右手曲臂置于右胸前，掌心翻转向下；左手画弧下落，曲肘置于腹前，掌心翻转向上，与右掌相对呈抱球状。目视右手。

（3）上体微左转，左脚向左前方迈出一步，脚跟着地。同时两手开始前后分开。目视前方。

（4）上体继续左转，重心前移，左脚全脚掌着地，左腿曲膝，形成左弓步。左臂半屈于体前掤架，腕与肩同高，掌心向内。右手向下画弧按于右胯旁，指尖向前。目视左手。

（5）上体稍左转，左手向左前方伸出，掌心转向下；右臂外旋，右手经腹前向上、向前画弧至左前臂内侧，掌心向上。目视左手。

（6）上体右转，重心后移，右腿曲膝，左腿自然伸直。同时，两手经腹前向下、向右后方画弧后捋；右手举至身体侧后方，与头同高，掌心向外；左臂平屈于胸前，掌心向内。头随体转，目视右手。

（7）上体左转，正对前方。同时，右臂曲肘，右手收至胸前，搭于左腕内侧，掌心向前；左前臂仍屈收于胸前，掌心向内，指尖向右。目视前方。

（8）重心前移，左腿曲膝，形成左弓步。同时，右手推送左前臂向体前挤出，与肩同高，两臂撑圆。目视前方。

（9）左手翻转向下，右手经左腕上方向前伸出，掌心向下。随后重心后移，右腿曲膝，左腿自然伸直，左脚尖翘起。同时，两手左右分开与肩同宽，两臂屈收，两手后引，经胸前收至腹前，手心斜向下。目向前平视。

（10）重心前移，左脚全脚掌着地，左腿曲膝，形成左弓步。两手由腹前沿弧线推至体前，两腕与肩同高，两掌心向前，指尖向上。目视前方。如图 9-23 所示。

图 9-23　左揽雀尾

（八）右揽雀尾

动作要领如下。

（1）重心后移，上体右转，左脚尖内扣。同时，右手经头前画弧右摆，掌心向外，两手平举于身体两侧。目视右手。

（2）～（10）分别与左揽雀尾动作要领（2）～（10）相仿，但是方向相反。如图 9-24 所示。

图 9-24　右揽雀尾

（九）单鞭

动作要领如下。

（1）上体左转，重心左移，右脚尖内扣，左脚尖外展。同时，左手经头前向左画弧，摆至身体左侧，掌心向外；右手经腹前向左画弧，摆至左肋前，掌心朝向腹部。视线随左手移动。

（2）上体右转，重心右移，右腿曲膝，左腿伸直。同时，右手经头前向上、向右画弧，摆至右肩前，掌心向内；左手向下、向右画弧，摆至腹前，掌心转向内。视线随右手移动。

（3）左脚收至右脚内侧，脚尖点地。同时，右手伸向身体右前方，五指捏拢呈勾手，钩尖向下，肘微屈，腕与肩平；左手向上画弧至右肩前，掌心向内。目视勾手。

（4）上体左转，左脚向左前方迈出一步，脚跟着地。同时，左手经面前向左画弧，掌心向内。目视左手。

（5）上体继续左转，重心前移，左脚全脚掌着地，左腿曲膝，形成左弓步。同时，左手经头前翻转向前推出，腕与肩平，左肘与左膝上下相对；右勾手举于右后方，腕与肩平。目视左手。如图 9-25 所示。

图 9-25　单鞭

（十）云手

动作要领如下。

（1）上体右转，重心后移。左脚尖内扣，右腿屈蹲。同时，左手经腹前向下、向右画弧，摆至右肩前，掌心向内；右勾手松开变掌，掌心向外，指尖向上。目视右手。

（2）上体左转，重心左移。右脚向左并拢半步，与左脚平行相距 10～20 cm，脚尖向前；右脚落地时前脚掌先着地，随后过渡到全脚掌着地，两腿曲膝半蹲。同时，左手经头前向上、向左画弧云转，掌心渐渐翻转向外，至身体左侧，与肩同高；右手经腹前向下、向左画弧云转，掌心渐渐翻转向内，至左肩前。视线随左手移动。

（3）上体右转，重心右移。左脚向左横跨一步，脚掌先着地，随后过渡到全脚掌，脚尖向前。同时，右手经头前向右画弧云转，掌心逐渐翻转向外至身体右侧，与肩同高；左手经腹前向下、向右画弧云转，掌心逐渐翻转向内，至右肩前。视线随右手移动。

（4）与本动作要领（2）同。

（5）与本动作要领（3）同。

（6）与本动作要领（2）同。如图 9-26 所示。

图 9-26　云手

（十一）单鞭

动作要领如下。

（1）上体右转，重心移至右腿，左脚跟提起。同时，右手经头前向右画弧，至右前方时掌心翻转呈勾手；左手经腹前向下、向右画弧至右肩前，掌心转向内。目视勾手。

（2）与第九个单鞭动作要领中的（4）完全相同。

（3）与第九个单鞭动作要领中的（5）完全相同。如图 9-27 所示。

图 9-27　单鞭

（十二）高探马

动作要领如下。

（1）右脚向前收拢半步，距左脚约一脚长，前脚掌着地。目视左手。

（2）上体稍右转。重心后移，右脚全脚掌着地，右膝弯曲，左脚脚尖点地。同时，右勾手松开，两手翻转手心向上，两臂前后平举，肘关节微屈。目视左前方。

（3）上体左转，左脚向前移动，形成左虚步。同时，右臂屈收经头右侧向前推出，腕与肩平，掌心向前；左臂屈收，左手收至腹前，掌心向上。目视右手。如图 9-28 所示。

（十三）右蹬脚

动作要领如下。

（1）左脚提收至右踝内侧。同时，右手稍向后收，左手经右手背向右前方穿出，两手交叉，腕关节相交，左掌心斜向上，右掌心斜向下。目视左手。

（2）上体左转。左脚向左前方迈一步，脚跟着地，脚尖略外撇。同时，左手内旋，两手虎口相合举于头前，两掌心向外。目视前方。

（3）重心前移，左脚全脚掌着地，屈左膝，右腿自然蹬直。同时，两手左右分开，掌心向外，两臂外撑。目视前方。

（4）右脚收至左脚内侧，脚尖点地。两手向腹前画弧相交合抱，右手在外，举至胸前。两掌心向内。目视右前方。

（5）左腿支撑，右腿曲膝上提，右脚脚尖上勾，脚跟用力慢慢向右前上方蹬出。左腿微屈，右腿伸直。两臂展于身体两侧，肘微屈，腕与肩平，两手心向外。右腿与右臂上下相对。目视右手。如图 9-29 所示。

图 9-28 高探马

图 9-29 右蹬脚

（十四）双峰贯耳

动作要领如下。

（1）右腿曲膝收回，脚尖自然下垂。同时，左手经头侧向体前画弧，与右手平行落于右膝上方，两掌心向上，指尖向前。目视前方。

（2）右脚向右前方上步，脚跟着地，脚尖斜向右前方。同时，两手收至两腰侧，两掌心向上。

（3）重心前移，右脚全脚掌着地，右腿曲膝，形成右弓步。同时，两手握拳经两侧向上、向前画弧，摆至头前，两臂半屈呈弧形，两拳平行相对呈钳形，与头同宽，两前臂内旋，两拳眼斜向下。目视前方。如图 9-30 所示。

（十五）转身左蹬脚

动作要领如下。

（1）上体左转，重心后移。左腿曲膝，右腿伸直，脚尖内扣。同时，两拳变掌，左手经头前向左画弧，两臂微屈举于身体两侧，两掌心向外。目视左手。

（2）重心右移，右腿曲膝，左脚收至右脚内侧，脚尖着地。同时，两手向下画弧，于腹前交叉合抱，举至胸前，左手在外，两掌心向内。目视左前方。

（3）右腿支撑，提左膝，左脚脚尖上勾，脚跟用力向左前上方慢慢蹬出。同时，两臂内旋，两掌心向外，左手向左前方，右手向右后方画弧分开，两臂微屈举于身体两侧。左腿蹬直，与左臂上下相对。目视左手。如图 9-31 所示。

图 9-30 双峰贯耳

图 9-31 转身左蹬脚

（十六）左下势独立

动作要领如下。

（1）左腿曲膝收回至右踝内侧，脚尖向下。上体右转，右臂稍内合，右手捏成勾手，勾尖向下。同时，左手经头前画弧，摆至右肩前，掌心向右，指尖向上。目视右勾手。

（2）右腿曲膝半蹲，左脚前脚掌落地，沿地面向左伸出，随即全脚掌着地，左腿伸直。左手落于右肋前。目视勾手。

（3）右腿曲膝全蹲，上体左转，形成左仆步。同时，左手经腹前沿左腿内侧向左穿出，掌心向前，指尖向左。目视左手。

（4）重心移至左腿，以左脚跟为轴，脚尖尽量外撇，左腿曲膝前弓。右脚尖内扣，右腿自然蹬直，上体微向左转并向前起身。同时，左手继续前穿并向上举至体前，指尖向上；右勾手内旋，背于身后，勾尖向上。目视左手。

（5）上体左转，重心前移，右腿曲膝上提，左腿微屈支撑站立，形成左独立步。同时，左手下落按于左胯旁，掌心向下；右勾手变掌，经体侧由后下方向前画弧，立掌前挑，掌心向左，与眼同高；右臂半屈呈弧形，肘关节与右膝上下相对。目视右手。如图 9-32 所示。

图 9-32　左下势独立

（十七）右下势独立

动作要领如下。

（1）右脚落于左脚右前方，前脚掌着地。上体以左脚前脚掌为轴向左转。同时，左手变勾手提举于身体左前方，与肩同高；右手经头前向左画弧，摆至左肩前，掌心向左。目视左勾手。

（2）左腿曲膝半蹲，右脚提起至左踝内侧，前脚掌落地，沿地面向右伸出，随即全脚掌着地，右腿伸直。右手落至左肋前，目视左勾手。

（3）（4）（5）分别与左下势独立动作要领（3）（4）（5）相仿，但是方向相反。如图 9-33 所示。

图 9-33　右下势独立

（十八）左右穿梭

1. 右穿梭

动作要领如下。

（1）左脚向左前方落步，脚跟着地，脚尖外撇，上体左转，重心随转体落步前移。同时左手内旋，手心翻转向下。目视左手。

（2）上体继续左转，左脚全脚掌着地，右脚提收于左踝内侧。同时，两手手心相对于左胸前呈抱球状（左手上右手下）。目视左手。

（3）上体右转，右脚向右前方上步，脚跟着地。同时，右手向右斜前方弧形摆动，左手下落至左腰间。目视右手。

（4）上体继续右转，重心前移，右脚全脚掌着地，右腿曲膝，形成右弓步。同时，右手翻转上举，驾于右额角前上方，掌心斜向上；左手推至体前，腕与肩平。目视左手。如图 9-34 所示。

2. 左穿梭

动作要领如下。

（1）重心稍后移，右脚脚跟着地，脚尖外撇，上体右转。同时，右手下落至头前，左手向左画弧，落至腹前。目视左手。

（2）（3）（4）分别与右穿梭动作要领中（2）（3）（4）相仿，但是方向相反。如图 9-35 所示。

图 9-34　右穿梭　　　　图 9-35　左穿梭

（十九）海底针

动作要领如下。

（1）上体稍右转。右脚向前收拢半步，前脚掌落地，与左脚前后相距约一脚长。目视前方。

（2）上体右转，重心移至右腿，右脚全脚掌着地。右腿曲膝，左脚脚跟提起。同时，右手下落经体侧曲臂向后、向上抽提至耳旁，掌心向左，指尖向前；左手向右画弧下落至腹前，掌心向下，指尖斜向右。目视前方。

（3）上体左转，稍向前倾。左脚稍前移，落地，形成左虚步。同时，右手经耳侧斜向前下方插掌，掌心向左，指尖斜向下；左手经左膝前画弧搂过，按至右胯旁。目视右掌。

如图 9-36 所示。

（二十）闪通臂

动作要领如下。

（1）上体右转，挺直。右腿曲膝支撑站立，左脚回收到右脚内侧。同时，右手上提至身前，指尖向前，掌心向左；左手曲臂收举，指尖贴于右腕内侧。目视前方。

（2）左脚向前上步，脚跟着地。两手内旋分开，两手心向前。目视前方。

（3）重心前移，左脚全脚掌着地，左腿曲膝，形成左弓步。同时，左手推至体前，指尖与鼻尖对齐；右手撑于头部右上方，掌心斜向上，两手前后分展。目视左手。如图 9-37 所示。

图 9-36　海底针

图 9-37　闪通臂

（二十一）转身搬拦锤

动作要领如下。

（1）重心后移，右腿曲膝，左脚尖内扣，身体右转。同时，两手向右摆动，右手摆至身体右侧，左手摆至头前，两掌心向外。目视右手。

（2）重心左移，左腿曲膝，右脚以前脚掌为轴扭直。同时，右手握拳向下、向左画弧收于腹前，拳心向下；左掌举于左额前上方。目向右平视。

（3）右脚提收至左脚踝内侧，随后向右前迈出，脚跟着地，脚尖外撇。同时，右拳经胸前向前搬压，拳心向上，与胸同高；左手经右前臂外侧下落，按于左胯旁。目视右拳。

（4）上体右转，重心前移，左脚收于右脚内侧。同时，右臂内旋，右拳向右画弧至体侧，拳心向下，右臂半屈；左臂外旋，左手经左侧向体前画弧。目视右拳。

（5）右腿曲膝，左脚向前上步，脚跟着地。同时，左掌拦至体前，与肩同高，掌心向右，指尖斜向上；右拳翻转收至腰间，拳心向上。目视左掌。

（6）上体左转，重心前移，左脚全脚掌着地，左腿曲膝，形成左弓步。同时，右拳自腰间向胸前打出，肘微屈，拳心向左，拳眼向上；左手微收，掌指附于右前臂内侧，掌心向右。目视右拳。如图 9-38 所示。

图 9-38　转身搬拦锤

（二十二）如封似闭

动作要领如下。

（1）左手翻转，掌心向上，从右前臂下向前穿出。同时，右拳变掌，也翻转向上，两手交叉伸举于体前。目视前方。

（2）右腿曲膝，重心后移，左脚尖翘起。同时，两臂屈收，边分边内旋后引，两臂分开与肩同宽，两手收至胸前，掌心斜向下。目视前方。

（3）重心前移，左脚全脚掌着地，左腿曲膝，形成左弓步。同时，两掌向下经腹前再向上、向前推出，腕与肩平，掌心向前，掌指向上。目视前方。如图 9-39 所示。

（二十三）十字手

动作要领如下。

（1）上体右转，重心右移，右腿曲膝，左腿蹬伸，脚跟着地，脚尖内扣。同时右手向右摆至头前。目视右手。

（2）上体继续右转，右腿屈弓，脚尖外撇，左脚全脚掌着地，左腿自然伸直，形成右横档步。同时，右手继续向右画弧，摆至身体右侧，两臂平举于身体两侧，两掌心向外，指尖斜向上。目视右手。

（3）上体左转，重心左移，左腿屈弓，右腿自然伸直，脚尖内扣。同时，两手下落画弧交搭于腹前，向上画弧抱于胸前，两掌心向上（右手在下，左手在上）。目平视前方。

（4）上体转正。右脚向左收回，与左脚相距一肩宽，两脚平行向前。右脚前脚掌先着地，随后过渡到全脚掌，两腿慢慢直立，重心落于两脚间。同时，两手交叉合抱呈斜十字，与肩同高，掌心向内。目向前平视。如图 9-40 所示。

图 9-39　如封似闭

图 9-40　十字手

（二十四）收势

动作要领：两臂内旋，两手翻转手心向下，左右分开与肩同宽。随后两臂慢慢下落，垂于体侧。左脚轻轻提起，并拢于右脚内侧，前脚掌先着地，随后过渡到全脚掌，形成预备姿势，目视前方。

第四节　自卫防身术

一、自卫防身术概述

防身术是一项运用踢、打、摔、拿等武术技击方法的专门技术，它以制服对方，保护自己为目的。防身术中的奇妙招法实质上是中华武术的精华“集锦”。它把武术中各种适合实践应用的招法分离出来，经过摘编、加工、提炼、创造和完善，使其成为一种散招，并具备简单、实用、易记和易学等特点。

自卫防身术是指在自己身体受到攻击时所能采取的保卫自己的手段。练习自卫防身术的目的是制止歹徒的侵害，保护自己的人身与财物安全。

二、防身自卫练习

（一）基本姿势

侧身站立，两腿一前一后，曲膝、脚掌着地，两手握拳一前一后，尽量少暴露易遭攻击的部位，如图 9-41 所示。

图 9-41　侧身

（二）拳法

直拳：直线出拳，主要用于攻击歹徒面部和胸部，如图 9-42 所示。

勾拳：弧线或直线出拳，从下往上，用拳面击打歹徒腹部、下颌等，如图 9-43 所示。

劈拳：由上往下，用拳外背棱或指棱攻击歹徒面部，如图 9-44 所示。

鞭拳：由左往右，用拳背攻击歹徒头部，如图 9-45 所示。

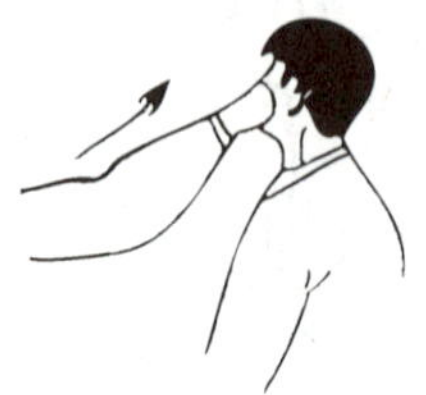

图 9-42　直拳

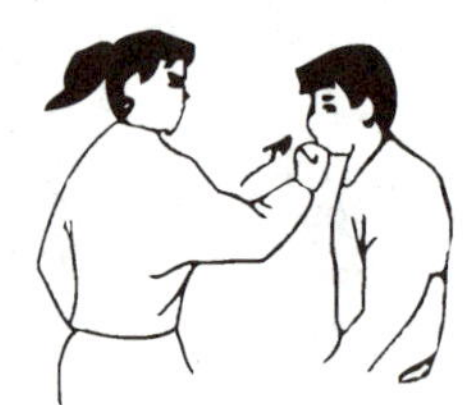

图 9-43　勾拳

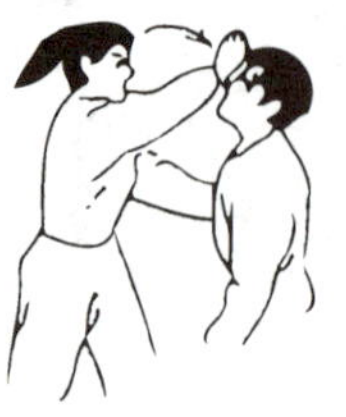

图 9-44　劈拳

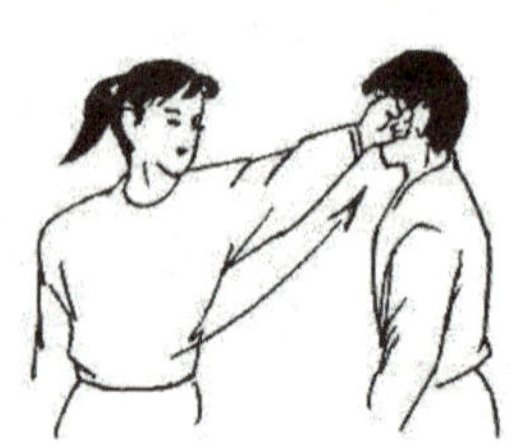

图 9-45　鞭拳

（三）掌法

迎面掌：用掌根攻击歹徒面部和鼻梁，如图 9-46 所示。迎面掌到位后，可张开的五指以指甲贴其面抓下，如图 9-47 所示。

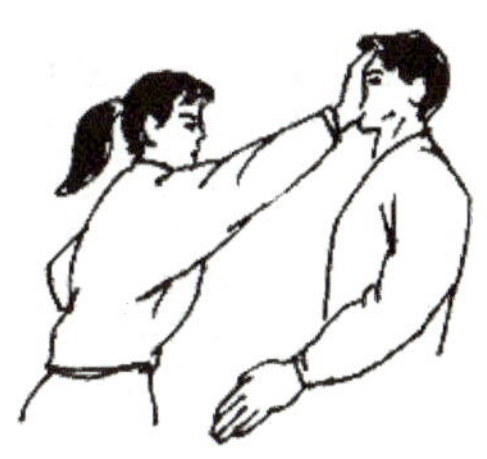

图 9-46　迎面掌

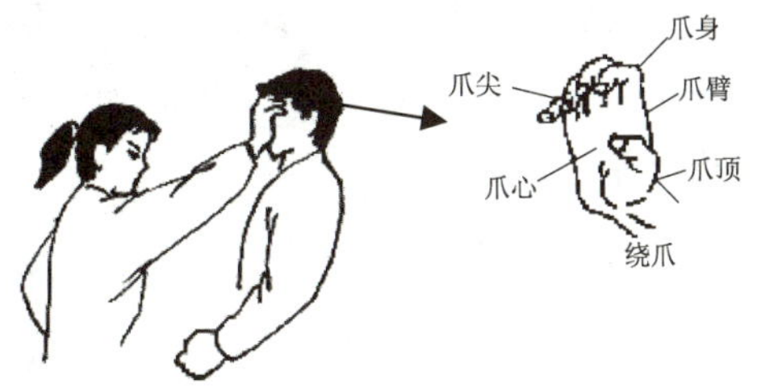

图 9-47　迎面贴金

以双指或单指叉眼：距离歹徒极近、对方又不防范时，可用双指或单指叉眼，如图 9-48 和图 9-49 所示。

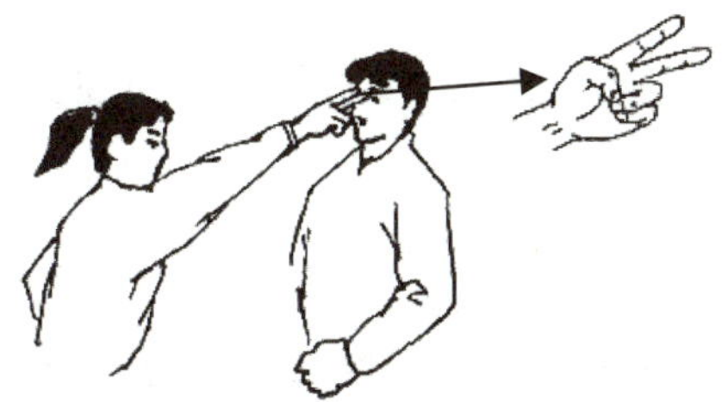

图 9-48　双指叉眼

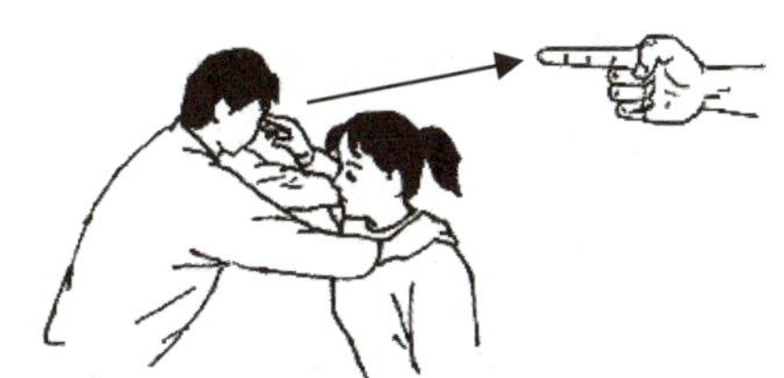

图 9-49　单指叉眼

（四）肘法

顶肘：屈臂，肘部平抬，肘尖向前顶出，发力时蹬腿、送髋、转身，大臂用力，如图 9-50 所示。

挑肘：前臂回收，肘尖向前，再由下向斜上挑击，如图 9-51 所示。挑肘常用于攻击歹徒下颌部位。

横肘：屈臂，肘部平抬，大臂向前横移，以肘尖击打对方，如图 9-52 所示。横肘常用于攻击歹徒太阳穴、后脑、耳门、颈部及胸肋等部位。

图 9-50　顶肘

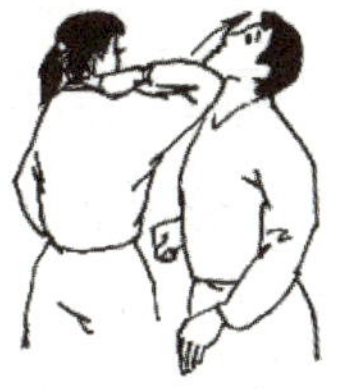

图 9-51　挑肘

图 9-52　横肘

砸肘：手臂上抬，肘尖朝斜上方，再由上往下砸击，砸击的同时身体迅速下沉，如

图 9-53 所示。砸肘适用于被歹徒抱住腰或腿的情况，可砸击其后脑、腰部等部位。

反手顶肘：手臂略上抬，身体迅速下沉（幅度没有砸肘大），同时两肘向后顶击，力达肘尖，如图 9-54 所示。反手顶肘适用于被歹徒抱住头或脖子的情况，可顶击其胸部、腹部等。

反手横肘：手臂平抬，蹬腿，身体旋转发力，同时手臂随旋转方向向后横向猛击，力达肘尖，如图 9-55 所示。反手横肘适用于被歹徒从背后抱住身体的情况，可横击其面部、太阳穴等部位。

图 9-53　砸肘

图 9-54　反手顶肘

图 9-55　反手横肘

（五）膝击

膝击法中最常用的是提膝，又称顶膝，指膝腿上抬攻击，并以双手拉住歹徒帮助发力，如图 9-56 所示。

（六）腿法

蹬腿：一腿支撑，一腿上抬向前蹬出，如图 9-57 所示。要点是蹬腿要轻快有力，力达脚跟，蹬出后迅速收回，身体不可前俯后仰。

弹腿：一腿支撑，一腿提膝向正前方弹踢出腿，如图 9-58 所示。要点是膝关节由屈到伸，带动小腿发力，脚背绷直，力达脚背。

图 9-56　提膝

图 9-57　蹬腿

图 9-58　弹腿

踹腿：分为正踹和侧踹。正踹时，一腿提膝稍上抬，脚尖外摆，向前下方猛力踹击，力达脚跟，如图 9-59 所示。正踹多用于攻击歹徒胫骨（小腿骨）部位。侧踹时，先转体，一腿上抬，曲膝，勾脚尖，膝关节由屈到伸向前踹击，力达脚跟。低侧踹腿可用于攻击歹徒膝关节，如图 9-60 所示。中侧踹腿可用于攻击歹徒裆部、腹部，如图 9-61 所示。

图 9-59 正踹

图 9-60 低侧踹腿

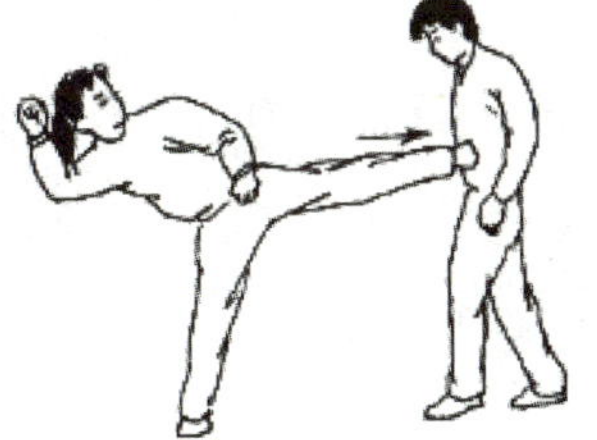

图 9-61 中侧踹腿

（七）头击

头击主要指用头撞击歹徒面部和胸部，如图 9-62 所示。撞击对方面部时注意瞄准对方鼻梁处三角区域，千万不要撞击对方前额，否则容易造成互伤。

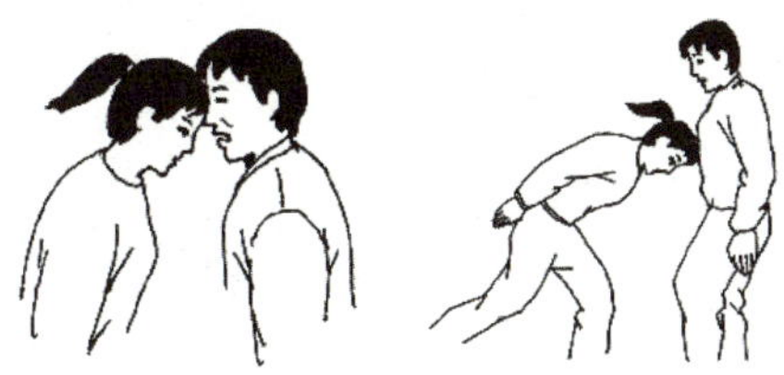

图 9-62 头击

三、女子防身术

（一）被歹徒从正面搂抱时的防卫

被歹徒从正面搂抱时，可先上身后仰，制造攻击距离，接着猛然收腹、旋身、挥臂，用肘部连续攻击其太阳穴，如图 9-63（a）～图 9-63（c）所示；也可叉眼、戳喉、折其手指，如图 9-63（d）和图 9-63（e）所示。

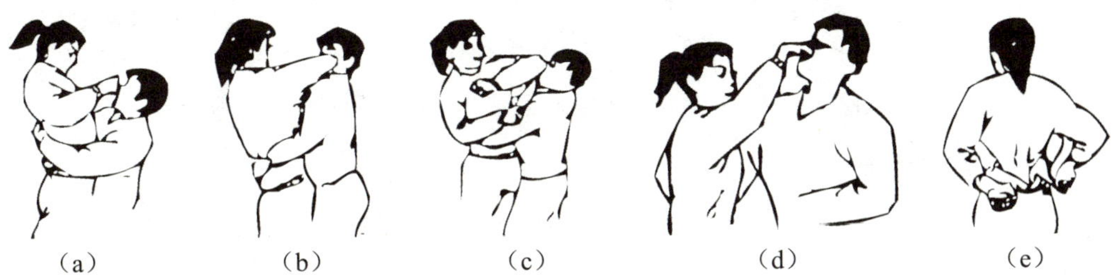

图 9-63 被歹徒从正面搂抱时的防卫

（a）后仰；（b）肘击太阳穴；（c）连续攻击；（d）叉眼；（e）折手指

（二）被歹徒从后面搂抱时的防卫

被歹徒从后面搂抱时，可抬手蹬腿，身体旋转发力，以反手横肘向后猛击歹徒太阳穴，如图 9-64（a）所示；也可反方向折其拇指或小指，或以脚跟猛跺其脚面，或伸手抓、握、提歹徒生殖器，或猛仰头以后脑击其面部，如图 9-64（b）～图 9-64（e）所示。

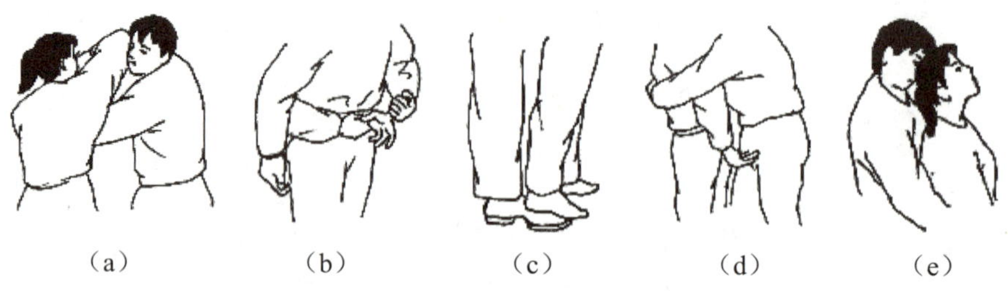

图 9-64　被歹徒从后面搂抱时的防卫

（a）反手横肘击太阳穴；（b）反折手指；（c）跺脚面；（d）抓生殖器；（e）后脑击面部

（三）被歹徒抓扯头发时的防卫

被歹徒抓住头发往前拖拽时，切勿与拖拽者的拖拽力相抗，以免头皮受伤。此时要借着抓拉之力将膝头高提，提膝猛撞歹徒裆部，如图 9-65（a）所示。或是侧身弯腰靠近歹徒，顺势以手抓握其生殖器，如图 9-65（b）所示。也可抱住歹徒，用一只手的四指直插对方软肋（肋骨下），扣住肋骨往上扯，歹徒痛极自然会松手。或双手叠压于歹徒手背上面，上体前倾弯腰下压，逼迫歹徒松手，如图 9-65（c）所示。

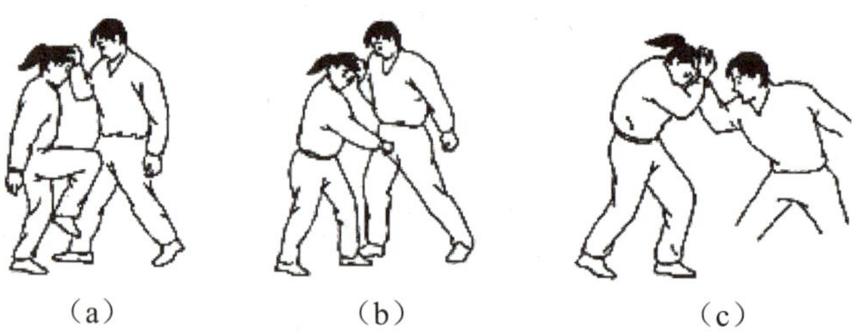

图 9-65　被歹徒抓扯头发时的防卫

（a）提膝猛撞裆部；（b）弯腰手抓生殖器；（c）双手叠压，弯腰下压

（四）仰卧被歹徒按压时的防卫

如果歹徒分跨于身体两侧站立，可抬腿蹬击其裆部，如图 9-66（a）所示。要领是抬起腰、臀，用力将身体送出去，同时用脚猛蹬对方裆部。如果歹徒手肘抬起，露出腋下，可用掌猛击其腋窝，如图 9-66（b）所示。如果与歹徒距离很近，可戳击歹徒眼睛或咽喉，如图 9-66（c）所示。

如果受害人手臂未被压住，可用肘尖横击其太阳穴，如图 9-66（d）所示；如歹徒强行亲吻，可抓住机会咬其鼻尖或舌尖，然后趁其负痛一时失智的机会，抬头猛撞其鼻梁，并连续进攻歹徒其他要害部位，如图 9-66（e）和图 9-66（f）所示。

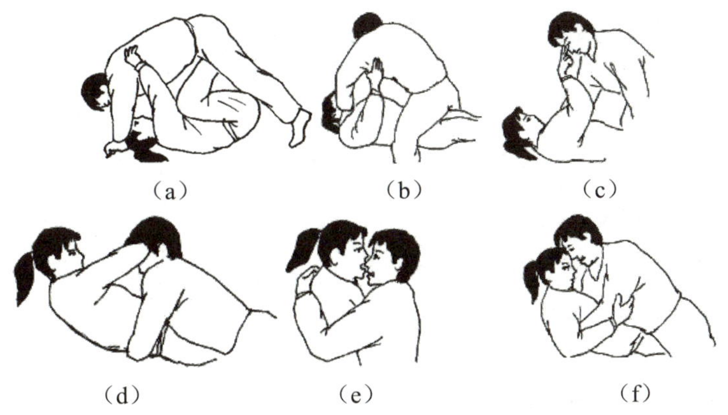

图 9-66 仰卧被歹徒按压时的防卫

（a）抬腿蹬击裆部；（b）掌击腋窝；（c）叉眼；（d）横肘击太阳穴；（e）咬鼻尖；（f）头撞鼻梁

健体铸魂

为传承与发扬中国武术贡献力量

每天一大早，大同市文瀛湖生态公园都会传出阵阵呐喊声，众多弟子在师傅的带领下练习拳法。他们一个个神情专注，每个动作都做得十分到位。而师傅更是厉害，每次出拳都仿佛有千钧之力，且招式衔接自然。

“我们师傅是大同高氏罗汉拳的第三代传人，习武已有 60 多年，在国内外的许多场比赛中都获过奖。”一位弟子说。师傅辛某，在 10 岁时就拜高氏罗汉拳第二代传人为师。由于常年习武，如今已 70 多岁的辛某仍面色红润，精神矍铄。

高氏罗汉拳集擦、抓、拧、抖、戳为一体，时快时慢，积柔成刚，具有加快体内代谢、强身健体的效果。因为高氏罗汉拳入门较容易，且学习效果显著，所以学习者众多。现在辛某门下弟子已有上千人，遍布世界各地。

“习武就是为了强身健体，哪能收费呢？谁想学习就教谁。从 20 世纪 70 年代开始，我就在公园里自己练，有人想学习，我就免费教，最多的时候有两百多人和我一起在公园里练拳，场面还挺壮观的。”提起这些过往，辛某难掩自豪之情。他说：“在社会多方的帮助下，我创建了武馆，让大家有了固定的习武场所，高氏罗汉拳也成功申请了大同市第六批非物质文化遗产。”辛某表示，他将秉承先辈遗志，努力保护这一优秀的非物质文化遗产，为传承与发扬中国武术贡献力量。

第十章　休闲运动

知识目标

- 了解定向运动的分类。
- 掌握定向越野技能。
- 了解拓展运动的起源、特点和作用。
- 熟悉拓展实践项目。

素质目标

- 在强身健体的同时，培养积极的心态，做到胜不骄、败不馁。
- 学会在户外运动中享受自然，享受生活；在极限运动中不断挑战自我、超越自我。
- 学会信任他人，信赖团队，增强集体参与意识和团队精神。

第一节　定向运动

一、定向运动的分类

定向运动就是利用地图和指北针到访地图上所指示的各个点标。在比赛中，以最短时间到达所有点标者获胜。常见的定向运动有以下几种形式。

（一）定向越野

定向越野组织方法比较简便，是开展最为广泛的一种定向运动。选手在到达的每一个点标处使用打卡器打卡。打卡系统不仅能证实是否按顺序正确到访，还能记录到访时间。

（二）接力定向

在接力定向比赛中，比赛的路线被分成若干段（国际比赛通常为四段），每名选手完成其中的一段，各段参赛选手的成绩相加为该队团体总成绩。

为便于观众欣赏各选手之间的激烈竞争，接力定向的场地必须设置一个中心站，各段选手的交接（即换段）在中心站以触手方式进行（不使用接力棒）。

（三）记分定向

记分定向通常以个人方式进行。在比赛区域内预先设置许多检查点，并根据地形的难易程度、距离远近、点的位置的相互关系不同而赋予每个检查点以不同分值。选手在规定时间内寻找若干或全部检查点，积分最高者获胜。

（四）专线定向

专线定向与其他定向活动的最大区别是在地图上明确标出了比赛的路线。运动员必须按这些规定的路线行进，并将途中遇到的检查点位置标绘到图上。参赛选手的成绩依据所用时间的长短和所绘检查点位置的准确程度来确定。

（五）五日定向

五日定向是瑞典独有的一项特别吸引人的比赛项目。比赛共进行五日，比赛路线由若干段组成，每段都单独记录个人的成绩，最后再算出总成绩。在百余千米的多条比赛路线中，除设置了许多检查点之外，还设有若干营地，供参赛选手和观众休息和参加丰富多彩的文化娱乐活动。

（六）夜间定向

夜间定向是一种高难度的定向运动比赛形式。在视觉不良的夜间开展定向运动，大大增加了比赛的难度和刺激程度，对参赛选手来说是不小的挑战。

（七）滑雪定向

滑雪定向通常以个人、团体或接力比赛等形式进行，选手需要提前准备滑雪装具（非机动的）。供比赛用的滑道需要使用摩托雪橇来开辟，同一比赛路线上的滑道通常不止一条，选手可自行选择。

（八）山地自行车定向

山地自行车定向一般在半山区进行，选手需要提前准备山地自行车（非机动的）。规则其与定向越野的规则基本相同。

二、定向越野技能

（一）地图和指北针的知识

1．地图

大多数森林定向图的比例尺为 1∶10 000（即地图上的 1 cm 相当于实际地形中的 100 m），公园定向地图一般为 1∶5 000/4 000（1 cm 相当于实际地形中的 50 m/40 m）。定向地图中颜色和符号的含义如下。

（1）黑色：表示人造景象，如建筑物、道路、小径和岩石等。

（2）棕色：是等高线和路径的颜色，表示山丘、小坑、高速公路和主干道等。

（3）蓝色：表示任何有水的地方，如湖泊、溪流和泥沼等。

（4）绿色：表示被植被覆盖，以及植被浓密而难通过的地区。绿色越深，越难通过。

（5）白色：表示普通的林区，容易通过。

（6）黄色：表示空旷地，易于奔跑。

（7）紫色：表示线路。

2. 指北针

（1）标定地图。标定地图是为了使越野地图的方位与现行的方向一致。具体方法是先使指北针的定向箭头“↑”朝向地图上方，并使箭头两侧的平行线与地图上的磁北线重合（或平行），然后转动地图，使指针北端正对磁北方向。此时地图即已标定。

（2）确定行进方向。使用指北针还可以确定行进的正确方向。具体方法是：用指北针直尺边切目标方向线（目标点在前，站立点在后），转动分度盘，使磁北标定线与图上的磁北线重合（或平行）；移开地图，并将指北针平持于胸前适当位置，转动身体，使磁针与定向箭头重合，目标点即在前进箭头所指的方向。如图 10-1 所示。

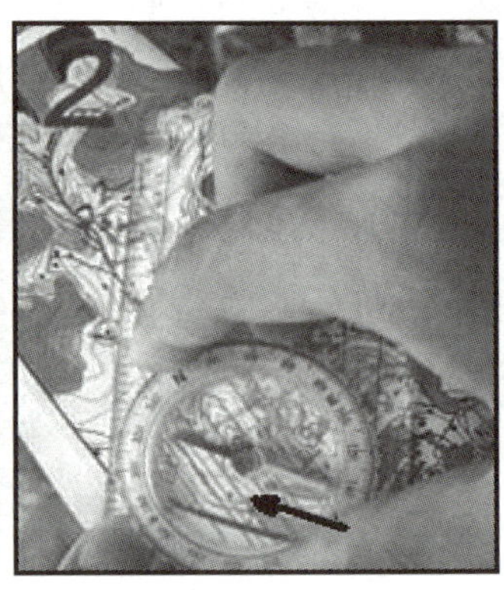

图 10-1 使用指北针确定行进方向

（二）路线选择

选择对最佳路线，不仅能保证安全，而且省体力、省时间。选择路线时一般遵循以下规则。

（1）有路不越野：尽量选择沿道路行进。在道路上容易确定站立点，使人更具信心；道路的地面相对平坦，有利于提高奔跑速度。

（2）走高不走低：如果不得不越野，要尽量在高处（如山脊、山背等）行进，避免在低处（如山谷、凹地等）行进。地势高的地方视野好，便于确定站立点和保持正确的行进方向；高处通风、干燥，荆棘、杂草、虫害及其他危险少。在山脊这样的地方，常常会有放牧、砍柴的人踏出的小路，利用这些小路可以提高行进速度。

三、定向越野装备

地图和指北针是定向越野的必备装备，如图 10-2 所示。

定向越野着装以轻便舒适为宜，穿着过紧或太厚的衣物会感觉举步维艰；鞋的选择以轻便结实为主，另外，鞋底的材料和造型应能牢固地“抓住”所有类型的地面，包括湿滑的泥泞地面和坚硬的岩石地面。

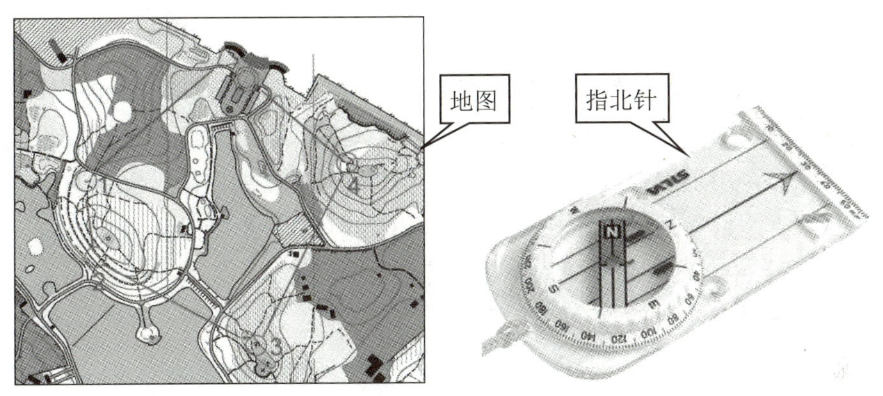

图 10-2　地图和指北针

第二节　拓展训练

一、拓展训练的作用

拓展训练是以增强体能、提高心理素质和培养团队意识为目的的一种户外锻炼形式。

拓展训练是一种体验式的学习。开展拓展训练时，专业教师会将大部分的课程安排在户外，并精心设置了一系列新颖、刺激的情景，让参与者去亲身体会，在特定的环境中去思考、发现和醒悟，进而对个人、团队有新的认识。这种全新的训练方式通常包括体能训练、心理训练、团队合作训练等。通过拓展训练，参与者可以在以下几个方面有显著提高。

（1）不断挑战自我，认识自身潜能，增强自信心。专业教师会运用形式多样、变幻莫测的场景来考验参与者，促使参与者学会在“乱象”中找规律，培养其以积极的姿态去战胜困难，进而提高其解决问题的能力。

（2）学会信任他人，投入团队，信赖团队，增强集体参与意识和责任心。

（3）改善团队人际关系，增强团队活力和团队合作，推动组织成长。

二、拓展运动实践项目

拓展运动的实践项目有很多种，对于任何一种拓展运动的实践项目，参与者都必须在专业教师指导下进行练习。

（一）高空项目

1. 高空抓杠

项目类型：个人项目。

项目描述：高空抓杠属于高空、高难度项目。参与者需在规定的时间内穿好安全装备，在有保护的情况下，由地面通过绳梯爬到离地面 7～8 m 的顶端圆盘上，并在圆盘上站稳，然后奋力向前跃出，用手去抓或者触摸单杠，不管是否抓住单杠，只要奋力跃出都视为成功，然后利用保护绳回到地面。

训练目的：挑战自我，战胜心理障碍，克服畏难情绪。

难度系数：★★★★

2. 高空断桥

项目类型：个人项目。

项目描述：高空断桥是经典的拓展训练项目之一。在距离地面 8 m 的高空搭起了一座独木桥，而这个桥的中间是断开的，断开的距离为 1.2～1.4 m。要求所有参与者爬上独木桥，然后从桥的一端走到另一端，再原路返回，如图 10-3 所示。参与者要跨越两次高空断桥。

训练目的如下：

（1）挑战自我，战胜心理障碍，克服畏难情绪。

（2）学会自我说服和自我激励，培养面对困难时的互助精神和团队意识。

难度系数：★★★★

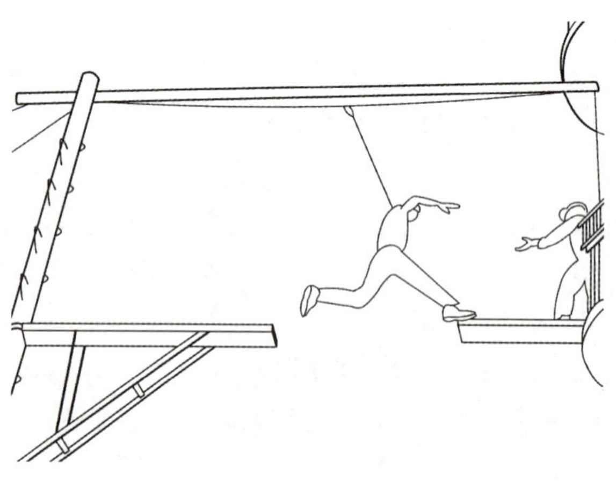

图 10-3 高空断桥

3. 天梯

项目类型：两人或多人项目。

项目描述：参与者在有安全保护的情况下相互支持和配合，从天梯的底部攀爬到最高处，如图 10-4 所示。

训练目的如下：

（1）学会合作和相互鼓励，认识到相互鼓励与关爱是一个优秀团队的必备因素。

（2）学会在面对困难时寻求科学的解决办法。

（3）理解阶段性胜利对成功的重要性。

难度系数：★★★★

图 10-4 天梯

4. 空中相依

项目类型：双人合作项目。

项目描述：两人面对面、手拉手，在两条钢缆上横向前进到另一端，如图 10-5 所示。

训练目的如下：

（1）相互扶持、相互帮助，体会对方的付出，增强自信心和团队责任感。

（2）培养合作精神，学会在面对困难时寻求科学的解决办法。

难度系数：★★★★★

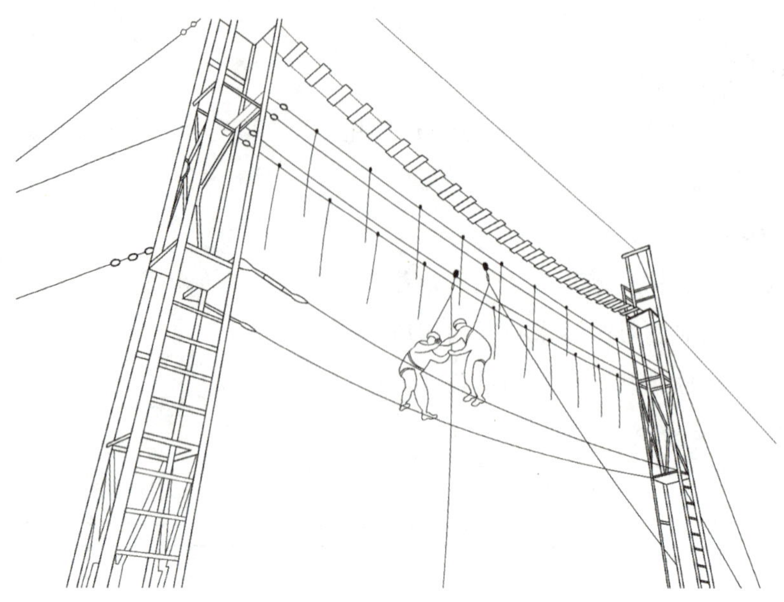

图 10-5　空中相依

（二）中空项目

1. 信任背摔

项目类型：团队合作项目。

项目描述：站在 2 m 高的平台上，背向队员向后倒，落在台下队员用胳膊交叉成的网上，如图 10-6 所示。

训练目的如下：

（1）激发个人潜能，培养挑战自我的信心和勇气。

（2）相互扶持、相互帮助，增强团队责任感，提高团队凝聚力。

难度系数：★★

2. 高台演讲

项目类型：个人项目。

项目描述：参与者站在高台上，面对台下的人，按照既定题目用规定时间、方式演讲，如图 10-7 所示。

训练目的如下：

（1）提高在特殊情境下的心理调控能力、逻辑能力和语言表达能力。

（2）培养在公众面前及时做出反应的能力，增强应对挫折和高压的耐受力。

难度系数：★★

图 10-6　信任背摔　　　图 10-7　高台演讲

3．求生墙

项目类型：团队合作项目。

项目描述：所有参与者相互支持和配合，全部攀登到 4 m 高的墙顶，如图 10-8 所示，当团队完成任务时，所有的人聚在一起庆祝。

训练目的如下：

（1）培养应对挫折的心理调控能力，提高合作意识和合作能力，自觉为团队作贡献。

（2）在活动过程中明确个人在团队中的角色定位，与团队一起，共同向所设定的目标冲刺。

难度系数：★★★★

图 10-8　求生墙

（三）低空项目

1．“电网”求生

项目类型：团队合作项目。

项目描述：将团队分成两组，分站在网的两边。大家抬起一名队员，在规定时间内将这名队员传递到网的另一边。在完成的过程中，这名队员的所有部位不得触碰网，且一个网孔只能使用一次，如图 10-9 所示。

训练目的：学会倾听别人的意见和建议，提高合作意识和合作能力。

难度系数：★★

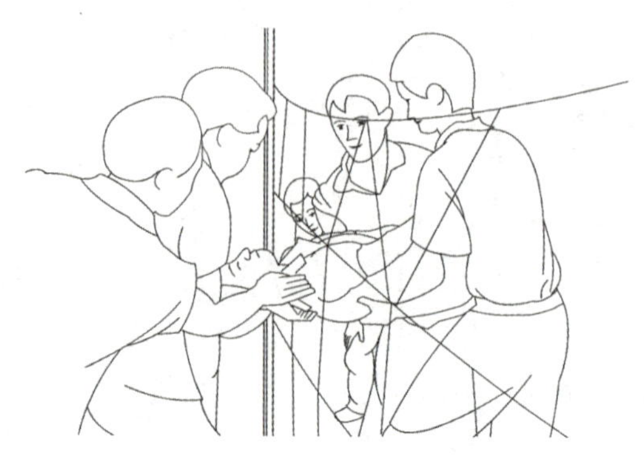

图 10-9 “电网”求生

2．荆棘取水

项目类型：团队合作项目。

项目描述：准备一个大的绳网，大家用手拉住绳网四周，选一名队员趴在绳网上，然后将绳网运至“雷区”上方，让绳网上的队员伸手取地面的矿泉水，取水过程中取水队员和拉绳网的队员均不得触及“雷区”地面，否则视为“阵亡”。

训练目的如下：

（1）各尽所能，群策群力，寻找解决问题的办法，共同完成任务。

（2）增强互助和协作的能力，在活动过程中明确个人在团队中的角色定位。

难度系数：★★

（四）地面项目

1．“盲人”方阵

项目类型：团队合作项目。

项目描述：每个参与者都戴上眼罩并围站成一圈，团队按要求将绳子摆放成各种形状，如图 10-10 所示。

训练目的如下：

（1）理解领导在实现团队目标中的重要性，懂得策划、组织、协调是实现目标的重要手段。

（2）培养科学的思维方式和对知识的运用能力，感受在特殊情况下完成任务的合作方式。

（3）明白有效的沟通是实现团队目标的必要条件，培养沟通意识，提高沟通技巧。

难度系数：★★

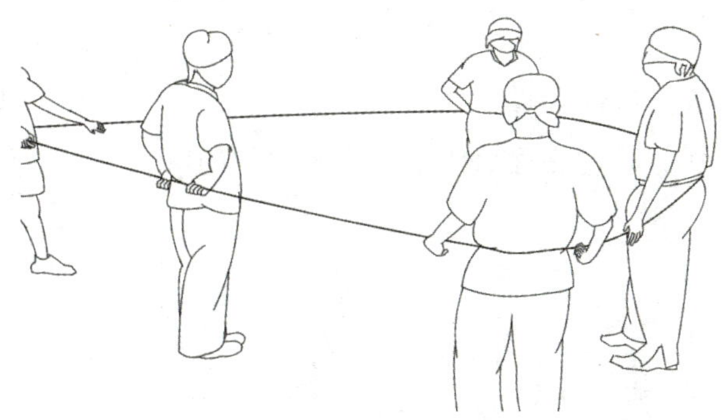

图 10-10　“盲人”方阵

2. “雷阵”

项目类型：团队合作项目。

项目描述：大家排成一行，依次穿越一片“雷区”，过程中一旦触及“雷”则被视为“阵亡”。当一名队员触及“雷”后，后面的队员立刻补上去，直到探索出一条没有“雷”的路，如图 10-11 所示。

训练目的如下：

（1）各尽所能，群策群力，寻找解决问题的办法，共同完成任务。

（2）学会吸取经验教训，尽量少走“弯路”。

难度系数：★★★★

图 10-11　雷阵

（五）户外项目

1. 趣味定向

项目类型：团队合作项目。

项目描述：按照任务书的要求在指定地点完成相应的任务，包括跑步定向、越野定向、寻宝定向等项目，如图 10-12 所示。

训练目的如下：

（1）增强体能，提高心理素质。

（2）培养合作精神，学会在面对困难时寻求科学的解决办法。

难度系数：★★

图 10-12　趣味定向

2．野外生存

项目类型：团队合作项目。

项目描述：利用广阔的自然环境，通过探险活动进行情景式训练，包括野外生存、野外探险等项目，如图 10-13 所示。

培训目的如下：

（1）锻炼身体，磨炼意志，陶冶情操。

（2）增长知识，学会日常生活技能，增强生活自理能力。

（3）感悟人与自然、人与社会、人与人之间的关系。

难度系数：★★★

图 10-13　野外生存

（六）心智项目

1. 高空飞蛋

项目类型：团队合作项目。

项目描述：发挥团队合作精神和创造力，充分利用材料将鸡蛋包裹起来，然后从规定的高度扔下鸡蛋，并保证蛋不破，如图 10-14 所示。

培训目的：各尽所能，群策群力，寻找解决问题的办法，共同完成任务。

难度系数：★★

2. 建塔

项目类型：团队合作项目。

项目描述：利用活动材料在规定时间内建成一座高 50 cm 以上、构造合理、外形美观的塔，如图 10-15 所示。

培训目的：充分发挥团队合作精神和创新精神，群策群力，寻找解决问题的办法，共同完成任务。

难度系数：★★

图 10-14　高空飞蛋

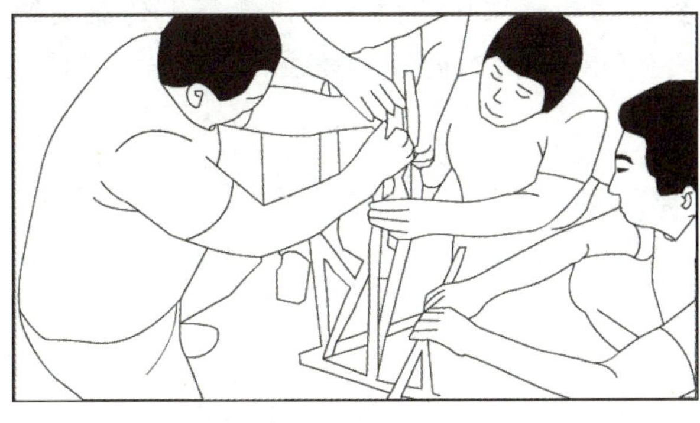

图 10-15　建塔

健体铸魂

将党史学习教育与主题定向越野活动融合

“你们知道吗？当年红军翻越的雪山，海拔大多在 4 000 米以上。而且雪山上空气稀薄，人迹罕至……”在北京化工大学“校园重走长征路”主题定向越野活动的现场，学校定向越野队的运动员正在向同伴讲述红军“爬雪山”的故事。在此次活动中，运动员要通过学习党史故事完成“打卡”活动，以获得下一关的挑战资格。

北京化工大学武装部部长表示，“奔跑的党史课”是将党史学习教育与主题定向越野运动结合起来，旨在用大众喜闻乐见的方式吸引更多师生参与进来，让党史学习“动起来”“热起来”“火起来”。

“血战湘江”“遵义会议”“四渡赤水”……连日来，长征故事“打卡点”在北京化工大学的校园内随处可见。普通的校园地图变成“长征路线图”，熟悉的校园地标变成“历史发生地”。北京化工大学党委书记介绍，校党委积极创新党史学习形式，将党史学习教育与发展阳光体育运动结合起来，与落实立德树人根本任务、纵深推进“五育并举”工作结合起来，突出融入日常、抓在经常，突出分类指导、因人施教，引导师生在练就强健体魄的同时，书写“立大志、明大德、成大才、担大任”的壮丽篇章。

此外，北京化工大学还坚持将党史学习教育与推进学校落实教育评价综合改革、纵深推进“三全育人”“五育并举”工作紧密结合，构建“人人皆育人之人，处处皆育人之地”的工作格局，使参与者在体育运动中“野蛮其体魄”，在党史学习中“文明其精神”。

该项活动着力探寻专业性和参与度的平衡点，实现专业选手愿意来、普通师生跟得上、全员运动效果佳、党史知识学得牢的最优解，进而实现“培育一个、带动一批、引领一片”的辐射效应，推动党史学习教育走实、走心。

附录　《国家学生体质健康标准（2014年修订）》测试指标与方法

大学生体质健康评价是高等学校体育工作的重要环节，也是学校教育评价体系重要组成部分。建立全面、科学的学生体质健康的评价体系，可使学生自身、家长、学校、社会等各方面及时了解学生的身体健康状况，从而促使学生调整自己的学习和锻炼目标，并为学校和教育管理部门制定和调整体育教育政策提供科学的依据。

为贯彻落实健康第一的指导思想，切实加强学校体育工作，促进学生积极参加体育锻炼，养成良好的锻炼习惯，提高体质健康水平，教育部和国家体育总局于2014年7月正式颁布了新的《国家学生体质健康标准（2014年修订）》（以下简称《标准》）和实施办法。

与以前的标准相比，新颁《标准》重在激励学生积极地进行身体锻炼，而不是为了测试而测试。它采用个体评价标准，能够清晰地看出学生个体差异与自身某些方面的不足，这十分有利于通过测试促进学生积极参加体育锻炼，通过锻炼改善健康状况，弥补差距，从而促进身体健康全面发展。

此外，新颁《标准》还突出了对改善学生健康有直接影响且关系密切的身体成分、心肺循环系统功能、肌肉力量和耐力及柔韧性等指标，体现了现代社会对健康的具体要求，实现了测试指标由“运动技术指标”向“健康指标”的过渡。

下面我们就结合修订后的《国家学生体质健康标准》，简要介绍一下大学生体质健康评价的要点与方法。

一、《国家学生体质健康标准》说明

为贯彻落实“健康第一”的指导思想，切实加强学校体育工作，促进学生积极参加体育锻炼，养成良好的锻炼习惯，提高体质健康水平，教育部于2014年7月颁布了最新的《国家学生体质健康标准（2014年修订）》（以下简称《标准》）。

《标准》评价指标体系包括三个部分：身体形态指标、身体机能指标和身体素质指标。其目的是了解各年级学生体质健康状况的基本水平，并通过检测与评价各年级学生体质健康状况，实现该标准的功能。《标准》要求各学校每学年开展覆盖本校各年级学生的《标准》测试工作，并根据学生学年总分评定等级。

关于《标准》的说明如下。

（1）《标准》是国家学校教育工作的基础性指导文件和教育质量基本标准，是评价学生综合素质、评估学校工作和衡量各地教育发展的重要依据，是《国家体育锻炼标准》在学校的具体实施，适用于全日制普通小学、初中、普通高中、中等职业学校、普通高等学校的学生。

（2）《标准》的修订坚持“健康第一”的指导思想，落实相关要求，着重提高《标准》应用的信度、效度和区分度，着重强化其教育激励、反馈调整和引导锻炼的功能，着重提高其教育监测和绩效评价的支撑能力。

（3）《标准》从身体形态、身体机能和身体素质等方面综合评定学生的体质健康水平，是促进学生体质健康发展、激励学生积极进行身体锻炼的教育手段，是国家学生发展核心素养体系和学业质量标准的重要组成部分，是学生体质健康的个体评价标准。

（4）《标准》将适用对象划分为以下组别：小学、初中、高中按每个年级为一组，其中小学为 6 组、初中为 3 组、高中为 3 组；大学一、二年级为一组，大学三、四年级为一组。

（5）小学、初中、高中、大学各组别的测试指标均为必测指标。其中，身体形态类中的身高、体重，身体机能类中的肺活量，以及身体素质类中的 50 m 跑、坐位体前屈为各年级学生共性指标。

（6）《标准》的学年总分由标准分与附加分之和构成，满分为 120 分。标准分由各单项指标得分与权重乘积之和组成，满分为 100 分。附加分根据实测成绩确定，即对成绩超过 100 分的加分指标进行加分，满分为 20 分。其中，小学的加分指标为 1 min 跳绳，加分幅度为 20 分；初中、高中和大学的加分指标为男生引体向上和 1 000 m 跑，女生 1 min 仰卧起坐和 800 m 跑，各指标加分幅度均为 10 分。

（7）根据学生学年总分评定等级：90.0 分及以上为优秀，80.0～89.9 分为良好，60.0～79.9 分为及格，59.9 分及以下为不及格。

二、大学生体质健康评价指标与分值

《标准》中对大学生体质健康的评价指标与权重做了详细说明，如附表 1 所示。

附表 1　大学生体质健康标准评价指标与权重

评价指标（测试项目）	权重/%	备注
体重指数（BMI）	15	必测
肺活量	15	必测
50 m 跑	20	必测
坐位体前屈	10	必测
立定跳远	10	必测
引体向上（男）/1 min 仰卧起坐（女）	10	必测
1 000 m 跑（男）/800 m 跑（女）	20	必测

注：体重指数（BMI）=体重/身高^2（单位：kg/m^2）。

（一）单项指标评分表

大学一年级～四年级男生和女生体重指数（BMI）单项评分如附表 2 所示，肺活量单项评分如附表 3 所示，50 m 跑单项评分如附表 4 所示，坐位体前屈单项评分如附表 5 所示，立定跳远单项评分如附表 6 所示；大学男生引体向上和 1 000 m 跑评分如附表 7 所示，大学女生仰卧起坐和 800 m 跑评分如附表 8 所示。

附表 2　男女生体重指数（BMI）单项评分表

单位：kg/m^2

等级	单项得分	男生	女生
正常	100	17.9～23.9	17.2～23.9
低体重	80	≤17.8	≤17.1
超重		24.0～27.9	24.0～27.9
肥胖	60	≥28.0	≥28.0

附表 3　男生/女生肺活量单项评分表

单位：mL

等级	单项得分	男生		女生	
		大一、大二	大三、大四	大一、大二	大三、大四
优秀	100	5 040	5 140	3 400	3 450
	95	4 920	5 020	3 350	3 400
	90	4 800	4 900	3 300	3 350
良好	85	4 550	4 650	3 150	3 200
	80	4 300	4 400	3 000	3 050
及格	78	4 180	4 280	2 900	2 950
	76	4 060	4 160	2 800	2 850
	74	3 940	4 040	2 700	2 750
	72	3 820	3 920	2 600	2 650
	70	3 700	3 800	2 500	2 550
	68	3 580	3 680	2 400	2 450
	66	3 460	3 560	2 300	2 350
	64	3 340	3 440	2 200	2 250
	62	3 220	3 320	2 100	2 150
	60	3 100	3 200	2 000	2 050
不及格	50	2 940	3 030	1 960	2 010
	40	2 780	2 860	1 920	1 970
	30	2 620	2 690	1 880	1 930
	20	2 460	2 520	1 840	1 890
	10	2 300	2 350	1 800	1 850

附表 4　男生/女生 50 m 跑单项评分表

单位：s

等级	单项得分	男生		女生	
		大一、大二	大三、大四	大一、大二	大三、大四
优秀	100	6.7	6.6	7.5	7.4
	95	6.8	6.7	7.6	7.5
	90	6.9	6.8	7.7	7.6
良好	85	7.0	6.9	8.0	7.9
	80	7.1	7.0	8.3	8.2
及格	78	7.3	7.2	8.5	8.4
	76	7.5	7.4	8.7	8.6
	74	7.7	7.6	8.9	8.8
	72	7.9	7.8	9.1	9.0
	70	8.1	8.0	9.3	9.2
	68	8.3	8.2	9.5	9.4
	66	8.5	8.4	9.7	9.6
	64	8.7	8.6	9.9	9.8
	62	8.9	8.8	10.1	10.0
	60	9.1	9.0	10.3	10.2
不及格	50	9.3	9.2	10.5	10.4
	40	9.5	9.4	10.7	10.6
	30	9.7	9.6	10.9	10.8
	20	9.9	9.8	11.1	11.0
	10	10.1	10.0	11.3	11.2

附表 5　男生/女生坐位体前屈单项评分表

单位：cm

等级	单项得分	男生		女生	
		大一、大二	大三、大四	大一、大二	大三、大四
优秀	100	24.9	25.1	25.8	26.3
	95	23.1	23.3	24.0	24.4
	90	21.3	21.5	22.2	22.4
良好	85	19.5	19.9	20.6	21.0
	80	17.7	18.2	19.0	19.5
及格	78	16.3	16.8	17.7	18.2
	76	14.9	15.4	16.4	16.9
	74	13.5	14.0	15.1	15.6
	72	12.1	12.6	13.8	14.3
	70	10.7	11.2	12.5	13.0
	68	9.3	9.8	11.2	11.7

（续表）

等级	单项得分	男生		女生	
		大一、大二	大三、大四	大一、大二	大三、大四
及格	66	7.9	8.4	9.9	10.4
	64	6.5	7.0	8.6	9.1
	62	5.1	5.6	7.3	7.8
	60	3.7	4.2	6.0	6.5
不及格	50	2.7	3.2	5.2	5.7
	40	1.7	2.2	4.4	4.9
	30	0.7	1.2	3.6	4.1
	20	−0.3	0.2	2.8	3.3
	10	−1.3	−0.8	2.0	2.5

附表6　男生/女生立定跳远单项评分表

单位：cm

等级	单项得分	男生		女生	
		大一、大二	大三、大四	大一、大二	大三、大四
优秀	100	273	275	207	208
	95	268	270	201	202
	90	263	265	195	196
良好	85	256	258	188	189
	80	248	250	181	182
及格	78	244	246	178	179
	76	240	242	175	176
	74	236	238	172	173
	72	232	234	169	170
	70	228	230	166	167
	68	224	226	163	164
	66	220	222	160	161
	64	216	218	157	158
	62	212	214	154	155
	60	208	210	151	152
不及格	50	203	205	146	147
	40	198	200	141	142
	30	193	195	136	137
	20	188	190	131	132
	10	183	185	126	127

附表 7　男生 1 min 引体向上/女生 1 min 仰卧起坐单项评分表

单位：次

等级	单项得分	男生		女生	
		大一、大二	大三、大四	大一、大二	大三、大四
优秀	100	19	20	56	57
	95	18	19	54	55
	90	17	18	52	53
良好	85	16	17	49	50
	80	15	16	46	47
及格	78			44	45
	76	14	15	42	43
	74			40	41
	72	13	14	38	39
	70			36	37
	68	12	13	34	35
	66			32	33
	64	11	12	30	31
	62			28	29
	60	10	11	26	27
不及格	50	9	10	24	25
	40	8	9	22	23
	30	7	8	20	21
	20	6	7	18	19
	10	5	6	16	17

附表 8　男生/女生耐力跑单项评分表

单位：分、秒

等级	单项得分	男生（1 000 m）		女生（800 m）	
		大一、大二	大三、大四	大一、大二	大三、大四
优秀	100	3′17″	3′15″	3′18″	3′16″
	95	3′22″	3′20″	3′24″	3′22″
	90	3′27″	3′25″	3′30″	3′28″
良好	85	3′34″	3′32″	3′37″	3′35″
	80	3′42″	3′40″	3′44″	3′42″
及格	78	3′47″	3′45″	3′49″	3′47″
	76	3′52″	3′50″	3′54″	3′52″
	74	3′57″	3′55″	3′59″	3′57″

（续表）

等级	单项得分	男生（1 000 m）		女生（800 m）	
		大一、大二	大三、大四	大一、大二	大三、大四
及格	72	4′02″	4′00″	4′04″	4′02″
	70	4′07″	4′05″	4′09″	4′07″
	68	4′12″	4′10″	4′14″	4′12″
	66	4′17″	4′15″	4′19″	4′17″
	64	4′22″	4′20″	4′24″	4′22″
	62	4′27″	4′25″	4′29″	4′27″
	60	4′32″	4′30″	4′34″	4′32″
不及格	50	4′52″	4′50″	4′44″	4′42″
	40	5′12″	5′10″	4′54″	4′52″
	30	5′32″	5′30″	5′04″	5′02″
	20	5′52″	5′50″	5′14″	5′12″
	10	6′12″	6′10″	5′24″	5′22″

（二）加分指标评分表

附表9　大学生加分指标评分表

加分	男生1 min引体向上/次		女生1 min仰卧起坐/次		男生1 000 m跑/秒		女生800 m跑/秒	
	大一 大二	大三 大四	大一 大二	大三 大四	大一 大二	大一 大二	大三 大四	大一 大二
10	10	10	13	13	−35″	−35″	−50″	−50″
9	9	9	12	12	−32″	−32″	−45″	−45″
8	8	8	11	11	−29″	−29″	−40″	−40″
7	7	7	10	10	−26″	−26″	−35″	−35″
6	6	6	9	9	−23″	−23″	−30″	−30″
5	5	5	8	8	−20″	−20″	−25″	−25″
4	4	4	7	7	−16″	−16″	−20″	−20″
3	3	3	6	6	−12″	−12″	−15″	−15″
2	2	2	4	4	−8″	−8″	−10″	−10″
1	1	1	2	2	−4″	−4″	−5″	−5″

注：引体向上、1 min仰卧起坐均为高优指标，学生成绩超过单项评分100分后，以超过的次数所对应的分数进行加分；1 000 m跑、800 m跑均为低优指标，学生成绩低于单项评分100分后，以减少的秒数所对应的分数进行加分。

三、《国家学生体质健康标准》实施办法

为了落实《国家学生体质健康标准》，教育部、国家体育总局还制定了相应的实施办法，其要点如下：

（1）每个学生每学年评定一次，记入《〈国家学生体质健康标准〉登记卡》。特殊学制的学校，在填写登记卡时可以按规定和需求相应地增减栏目。学生毕业时的成绩和等级，按毕业当年学年总分的50%与其他学年总分平均得分的50%之和进行评定。

（2）学生测试成绩评定达到良好及以上者，方可参加评优与评奖；成绩达到优秀者，方可获体育奖学分。测试成绩评定不及格者，在本学年度准予补测一次，补测仍不及格，则学年成绩评定为不及格。普通高中、中等职业学校和普通高等学校学生毕业时，《标准》测试的成绩达不到50分者按结业或肄业处理。

（3）学生因病或残疾可向学校提交暂缓或免予执行《标准》的申请，经医疗单位证明，体育教学部门核准，可暂缓或免予执行《标准》，并填写《免予执行〈国家学生体质健康标准〉申请表》，存入学生档案。确实丧失运动能力、被免予执行《标准》的残疾学生，仍可参加评优与评奖，毕业时《标准》成绩需注明免测。

（4）各学校每学年开展覆盖本校各年级学生的《标准》测试工作，《标准》测试数据经当地教育行政部门按要求审核后，通过“中国学生体质健康网”上传至“国家学生体质健康标准数据管理系统”。测试和数据上传时间由教育行政部门确定。

四、测试项目及方法

为了便于大家进一步了解和实施《标准》，下面再来简要介绍一下主要测试项目的测试意义、所需测试器材及具体的测试方法。

大学生体质健康测试项目

（一）体重指数

该项目是将身高和体重综合起来，以每厘米身高的体重来确定学生的体形匀称度，可反映学生是营养不良、正常体重，还是超重和肥胖。

如果所测得的体重指数数值小于或大于同年龄段的体重指数的范围，就说明身体的匀称度欠佳，需要通过调整饮食结构或积极参加体育运动来增加肌肉组织或减少体内多余的脂肪。

1. 测试器材

测试器材为身高体重测量仪。

2. 测试方法

受试者赤足，立正姿势站在测试仪托盘上，同时上肢自然下垂，足跟并拢，足尖分开约成 60°，足跟、骶骨部及两肩胛区同时与立柱相接触，躯干自然挺直，头部端正，耳屏

上缘与眼眶下缘齐平，如附图 1 所示。

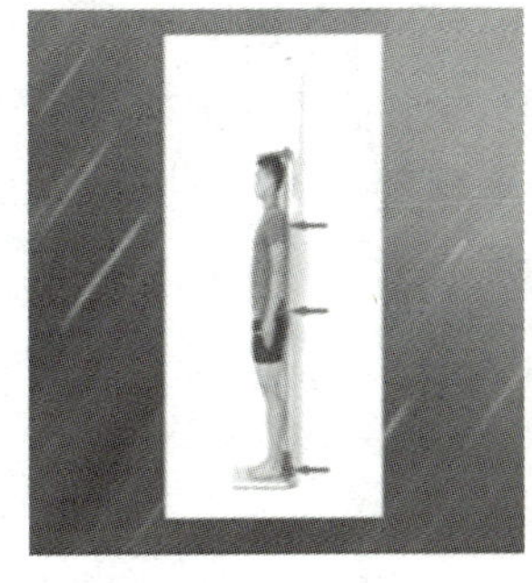
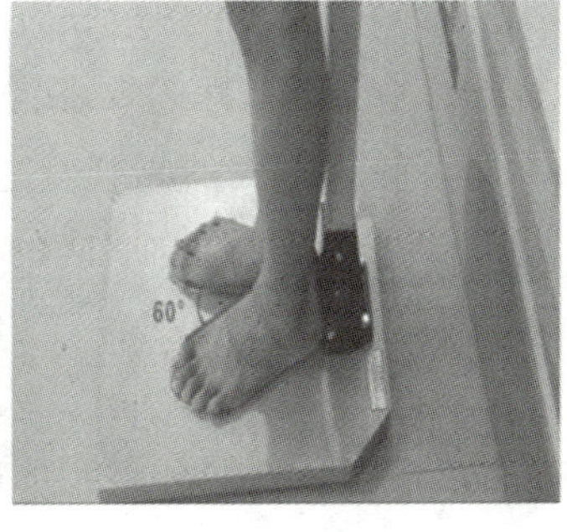

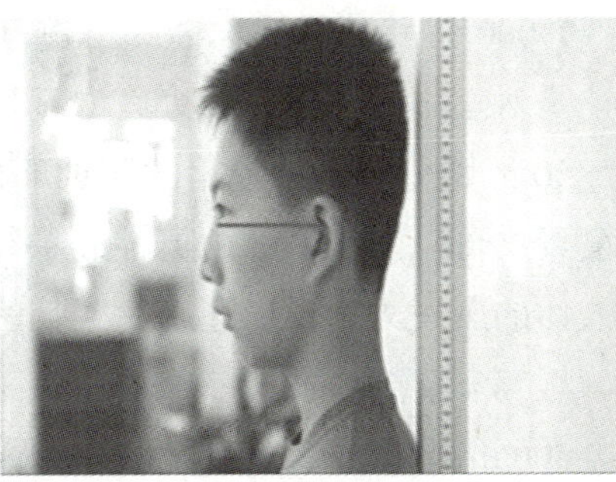

附图 1 身高体重测试

测试者站在受试者右侧，将水平压板轻轻沿立柱下滑，轻压于受试者头顶，然后读出身高测量结果，注意双眼应与压板水平面齐平。接着读出体重测量结果，并记录下来。

身高的测量单位为 cm，测量结果精确到 1 位小数，测量误差不得超过 0.5 cm。体重的测量单位为 kg，测量结果精确到 1 位小数，测量误差不得超过 0.1 kg。

（二）肺活量体重指数

肺活量是指在不限时间的情况下，一次最大吸气后再尽力呼出的气体总量，单位为 mL。它是反映人体呼吸系统机能状况、人体生长发育水平的重要机能指标之一。

1．测试器材

测试器材为电子肺活量计和干燥的一次性吹嘴。

2．测试方法

测试者将电子肺活量计放置在平稳桌面上。受试者面对仪器站立，手持吹嘴，试吹一至两次，检查仪器表有无反应和吹嘴或鼻处是否漏气。如果仪器一切正常，受试者深吸气，然后屏气对准吹嘴尽力呼气，直到不能呼气为止。此时液晶屏上显示的数字即为肺活量值。注意测试中不得二次吸气、呼气，被测者也不必紧张，以中等速度和力度呼气效果最好。每位受试者测 3 次，每次间隔 15 s。测试者记录每次数值，选取最大值作为测试结果。具体如附图 2 所示。

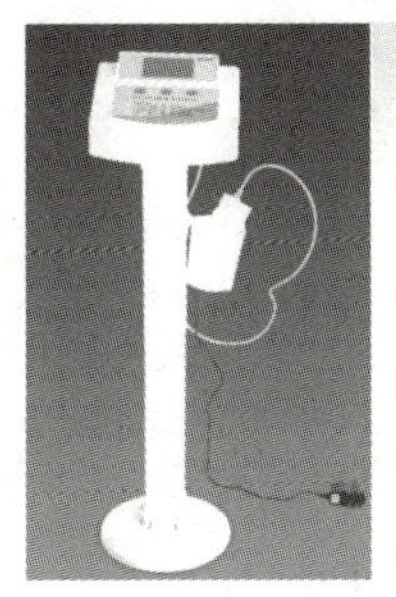
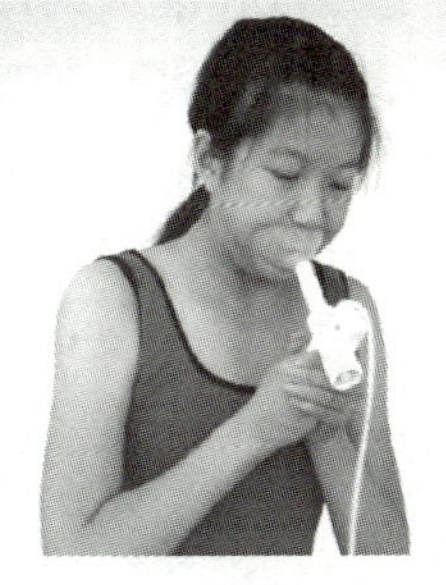

附图 2 肺活量测试

（三）1 000 m 跑（男）、800 m 跑（女）与 50 m 跑

1 000 m 跑（男）与 800 m 跑（女）是一项要求学生较长时间保持较高速度行进的项目，是对学生的速度、耐力、协调性、灵敏性和柔韧性等要求较高的体能类测试项目。

50 m 跑是国际上通用的测试项目，通过较短距离的高强度跑步测试学生的速度素质。速度素质可以反映人体中枢神经系统的机能状态和神经与肌肉的调节机能，也可以综合反映人体的爆发力、反应速度、柔韧性等素质。

1．测试器材

400 m、300 m、200 m 田径场跑道，发令旗一面，秒表若干块。

2．测试方法

受试者至少两人一组进行测试，以站立式预备姿势准备，当听到“跑”口令后开始起跑。发令员在发出口令的同时摆动发令旗，此时计时员开始计时。当受试者身体到达终点线的垂直面时，停止计时。具体如附图 3 所示。

1 000 m 跑（男）与 800 m 跑（女）的测量单位为 min 和 s，测试结果不计小数；50 m 跑的测量单位为 s，测试结果保留 1 位小数。

附图 3　跑步测试

（四）立定跳远

立定跳远是测试爆发力的项目，爆发力是在最短时间内发挥的最大力量。爆发力的大小不仅取决于力量，而且取决于力量和速度的配合。

立定跳远的测量单位为 cm，测试结果只保留整数。

1．测试器材

测试器材为沙坑、丈量尺。

2．测试方法

受试者两脚自然分开，站立在起跳线后，脚尖不得踩线，跳跃时两脚同时起跳，不得有垫步或连跳动作。每人试跳 3 次。具体如附图 4 所示。

立定跳远的距离是指从起跳线后缘至最近着地点后缘的垂直距离。测试结果取 3 次成

绩中最好的一次。

附图 4 立定跳远测试

（五）引体向上（男）

引体向上主要测试上肢肌肉力量的发展水平，为男性上肢力量的考查项目，也是衡量男性体质的重要参考标准和项目之一。

1. 测试器材

测试器材为高单杠或高横杠若干。（杠的粗细以受试者手能握住为准）

2. 测试方法

受试者面向单杠，自然站立；然后向后摆动双臂，双手分开与肩同宽，跳起，正握杠，身体成直臂悬垂姿势。待身体停止晃动后，两臂同时用力，向上引体（身体不能有任何附加动作）；上引到下颌超过横杠上缘为完成 1 次，之后还原成直臂悬垂姿势。测试人员记录受试者完成的次数。以次为单位。注意两次引体向上的间隔时间超过 10 s 应停止记录。具体如附图 5 所示。

附图 5 引体向上测试

（六）仰卧起坐（女）

仰卧起坐是测试腹肌力量和耐力的项目，安全系数较高。做仰卧起坐时主要是腹肌在起作用，当然髋部肌肉也参与工作，因此这种测试既能反映腹肌的耐力，也能反映髋部肌肉的耐力。

由于女生腹肌、髋部肌肉这两部分肌肉的力量和耐力能与其某些生理功能有密切的联系，因此将仰卧起坐单独列为女生的一个测试项目。

仰卧起坐直接用次数作为评价指标。

1. 测试器材

测试器材为垫子、秒表。

2. 测试方法

受试者身体仰卧于地垫上，膝部屈成 90°左右，两手指交叉于脑后，找同伴帮忙压住踝关节，以便固定下肢；腰部发力将上身卷起，然后缓慢下降使身体复位。受试者起坐时两肘触及或超过双膝为完成 1 次，仰卧时两肩胛必须触垫。记录 1 min 内完成的次数。具体如附图 6 所示。

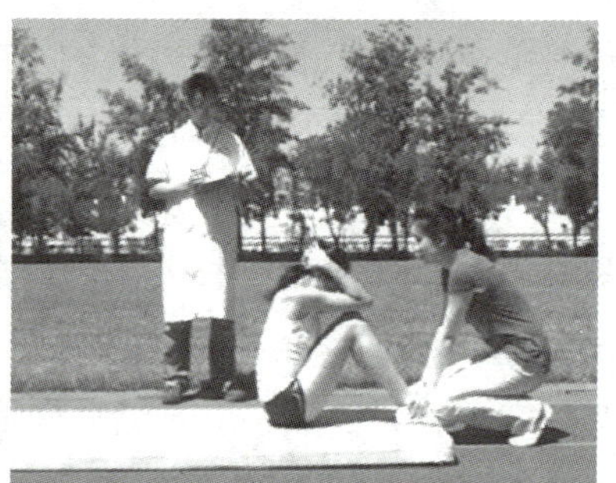

附图 6 仰卧起坐测试

（七）坐位体前屈

坐位体前屈是用于反映人体柔韧性的测试项目。柔是指肌肉、韧带拉长的范围；韧是指肌肉、韧带保持一定长度的力量。柔韧性对于保护关节不受损伤具有重要意义。长时间缺乏柔韧性练习，可导致关节或关节周围软组织发生变性、挛缩，甚至粘连，从而限制了关节的运动幅度，导致做牵拉动作时有疼痛感，所以要经常做柔韧性练习，以扩大关节运动的幅度，即扩大人体活动的无痛范围。

1. 测试器材

测试仪器为坐位体前屈测试计。

2. 测试方法

受试者坐在垫子上，两腿伸直，两脚距离 10～15 cm，平蹬测试纵板。测试时，受试者上体前屈，两臂伸直向前，两手并拢，并用两手中指尖轻轻推动标尺上的游标，直到不能向前推动为止，如附图 7 所示。

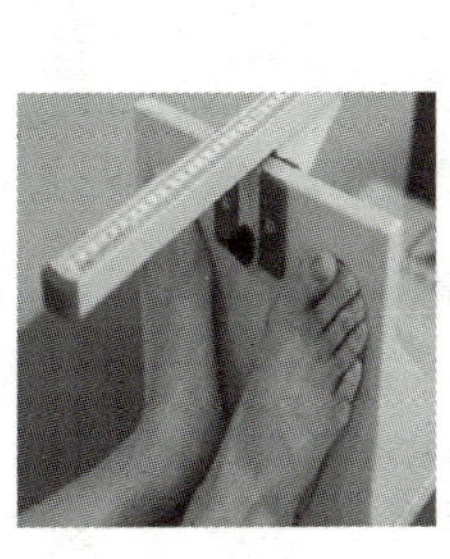

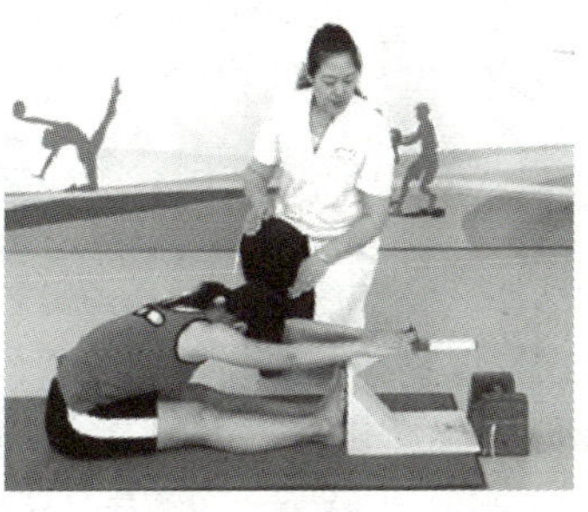

附图 7　坐位体前屈测试

坐位体前屈的测量单位为 cm，测试结果精确到 1 位小数。测试两次，取最好成绩，然后查表评分。

参 考 文 献

[1] 花楠．啦啦操运动教程［M］．北京：现代出版社，2019．

[2] 张杰．民族传统健身运动［M］．长沙：中南大学出版社，2019．

[3] 徐春华，单小忠．大学体育与健康教程［M］．北京：中国水利水电出版社，2016．

[4] 黄伟明，郑印渝．新编大学体育与健康教程［M］．江苏：江苏大学出版社，2014．

[5] 王小伟．大学体育［M］．上海：上海交通大学出版社，2014．

[6] 范丽萍．新编大学体育教程［M］．北京：航空工业出版社，2012．

[7] 阎长安，张喜梅．体育与健康［M］．北京：中国劳动社会保障出版社，2010．